DAVID WAGNER

WELCHE FARBE
HAT BERLIN

W0194934

Rowohlt Taschenbuch Verlag

Veröffentlicht im Rowohlt Taschenbuch Verlag,
Reinbek bei Hamburg, Mai 2014
Copyright © 2011 by Verbrecher Verlag, Berlin
Umschlaggestaltung any.way, Cathrin Günther
(Umschlagabbildung: Tim Dinter)
Satz Minion PostScript, InDesign, bei
Pinkuin Satz und Datentechnik, Berlin
Druck und Bindung Druckerei C. H. Beck, Nördlingen
Printed in Germany
ISBN 978 3 499 26806 9

INHALT

DIE MÜLLTÜTE

Ich will bloß den Müll hinuntertragen in den Hof, unten aber, ich habe die zugeknotete Abfalltüte noch in der Hand, gefällt mir die Nacht so gut, es riecht nach Frühling, daß ich hinaus auf die Straße gehe. Ich biege um zwei Ecken und stehe schon vor dem Café Haliflor – entscheide mich aber, die Luft ist so süß, weiterzugehen. Fast alle Fenster in den Fassaden der Choriner Straße, es ist gleich Mitternacht, sind schon dunkel. Ich komme an dem alten, zweistöckigen Molkereigebäude und der Protzbaustelle Choriner Höfe vorbei, überquere die stille Kreuzung mit der Zehdenicker Straße, auf der Torstraße halte ich mich links. Vor dem Kaffee Burger, die Reformbühne ist aus, steht ein Bekannter auf dem Bürgersteig und raucht. Wir wechseln ein paar Worte, er sagt nichts zu der Mülltüte, die ich in der Hand halte. Ich gehe weiter und biege in die Alte Schönhauser Straße, noch immer stehen dort diese seltsamen Bürocontainer mit Camouflage-Bemalung auf dem unbebauten Grundstück Ecke Linienstraße. Die Nacht, es ist Sonntag, ist ruhig, ich höre nur eine italienische Reisegruppe singen. Sie johlen in einiger Entfernung, sie grölen, sie haben gute Laune. Ich bleibe vor dem Espresso- und Kaffeemaschinengeschäft stehen, mir gefallen finnische Porzellantassen ein paar Schaufenster weiter, schließlich betrachte ich Umhängetaschen, die aus alten LKW-Planen genäht wurden. Ich merke, daß ich die Mülltüte immer noch mit mir herumtrage, schaue mich um, weit und breit ist kein Mülleimer zu sehen. Von der Münzstraße komme ich in die Max-Beer-Straße, kehre nach wenigen Schritten aber wieder um, mir fällt ein, daß dort eine Freundin wohnt, der ich nun lieber nicht begegnen möchte, nicht mit einer Mülltüte in der Hand. Ich bewundere die nackten Betonwände in einem zum Ladenlokal umgebauten Plattenbau-Erdgeschoß und biege in die stille Almstadtstraße ein. Es ist dreiviertel eins, und wenn mich jemand fragen würde, was machst du um diese Zeit mit einer Abfalltüte in der Hand vor dem Schaufenster der Buchhandlung Pro qm, ich wüßte keine Antwort. Ich wollte gar nicht spazieren gehen, ich bin heute schon unterwegs gewesen, ich wollte nur den Müll hinuntertragen. Scheint so, als hätten meine Schuhe ohne mich entschieden. Sie sind einfach losgegangen. Das Gehen hat sich verselbständigt, und ich bin mir gar nicht mehr so sicher, ob ich selbst, ob tatsächlich ich es bin, der hier einen Fuß vor den anderen setzt. Geht die Stadt vielleicht mit mir spazieren? Die Füße unterbrechen ihre Tätigkeit, als zwei sich laut unterhaltende Amerikaner auf mich zukommen, ziemlich betrunken sagen sie Hi und fragen, natürlich auf Englisch, wo sie hier Dope kaufen könnten. Mir fällt nichts anderes ein, als sie in den Weinbergspark zu schicken.

Ich gehe weiter, finde wieder in meinen Rhythmus, den eigenen Geh-Rhythmus, der es manchmal so schwierig macht, mit oder neben anderen zu gehen. Am besten geht es sich doch allein, denke ich – widerspreche mir dann aber, fallen mir doch sofort zwei, drei, vier Personen ein, mit denen ich sehr gerne gehe und schon viel gegangen bin. Ich komme wieder zur Torstraße und stoße auf diese rätselhafte retro-avantgardistische Architekturskulptur an der Ecke Rosa-Luxemburg-Straße, ist das historistischer Expressionismus? frage ich mich, wie immer, wenn ich dieses Gebäude sehe. Und stehen dort, nirgends brennt Licht, vielleicht alle Wohnungen leer? Ein Nachbargrundstück ist noch unbebaut, hinter dem grell beleuchteten Werbezaun, der die Brache zur Alten Schönhauser hin umschließt, liegen abgerissene Plakate, leere Flaschen und ein kaputter Kinderwagen. Einen Moment lang bin ich versucht, meine Mülltüte dazuzuwerfen, trage sie dann aber, sie ist ja nicht schwer, doch die Schönhauser Allee hinauf, vorbei an der schönrenovierten Ex-Ruine Pfefferberg. Das riesige, viel zu perfekte spanische Touristenrestaurant hat schon geschlossen. Ich biege in die Schwedter Straße ein, überquere die Choriner und stehe wieder vor dem Haliflor. Anne, Sonntag ist ihr Abend an der Bar, sieht mich und winkt. Ich setze die Tüte ab, gehe hinein, bestelle ein Bier und erzähle, sie hält das natürlich für eine Ausrede, daß ich bloß den Müll hinuntertragen wollte. Zwei Franzosen, die neben mir am Tresen trinken, unterhalten sich über Neukölln. Die Tüte werfe ich später in den Müllcontainer im Hof.

WEISSE NACHT

FÜR CHRISTIANE RÖSINGER

FALCKENSTEINSTRASSE San Remo liegt an der Spree. Wir sitzen auf Waschbetonpollern, dem San Remo gegenüber. Blaue Stunde, bester Blick, die Stadt ist eine Ansichtskarte am Wasser. Die U-Bahn, hier Hochbahn, fährt über unsere Köpfe hinweg auf die Oberbaumbrücke zu. Wir sitzen auf Waschbetonpollern, Straßenmöbeln der Mauerzeit. L. sagt, sie liebe Waschbeton, in ihrer Kindheit sei fast alles um sie herum aus Waschbeton gewesen. L. trinkt Sekt auf Eis, sie sagt, sie habe dieses Getränk, wenn schon nicht erfunden, so dann doch wenigstens in Berlin verbreitet. Ich glaube ihr. Ich mag das Getränk. Es kühlt auch die Hände.

FALCKENSTEIN-, ECKE SCHLESISCHE STRASSE In einem Ladenlokal, das lange leer stand, gibt es ein neues Geschäft. Es heißt Küchenstudio Tristesse. Keiner weiß, was da eigentlich verkauft wird. Traurigkeit in kleinen Tüten? Manchmal stehen da Objekte aus Plüsch – nicht notwendig zu wissen, ob sie einen Zweck erfüllen, manchmal wird hier abends auch bloß getrunken. Oder ein Low-Fi-Konzert veranstaltet. Tristesse heißt der Laden nach dem Haus von Álvaro Siza Viera, dem Bauausstellungshaus Ecke Falckensteinstraße, das mit seinem Bonjour-Tristesse-Graffito und einem halbgeöffneten Auge in der Fassade auf die Ecke herabschaut. L. erzählt von der erfolgreichsten Berliner Ich-AG. Die erfolgreichste Berliner Ich-AG stellt Früchtesenf her, Früchte- und Beerensenf. Die Berliner Ökonomie hat das Einmachglas wiederentdeckt. Vielleicht verkaufen auch wir bald Eingemachtes am Straßenrand?

JANNOWITZBRÜCKE Unter der S-Bahn, die hier auf dem Stadtbahnviadukt fährt, nicht in einem Bogen, sondern einer größeren Unterbauung, liegt das Golden Gate. Sein Eingang versteckt sich auf der Rückseite, in einem Wäldchen. L. sagt, es sei ein Wäldchen, sie übertreibt. Eigentlich ist es nur eine große, vom Grünflächenamt Mitte vernachlässigte Verkehrsinsel. Im Frühling und Sommer 2003 sitzen wir hier an der Tür, an der Kasse, später stoßen wir zu den Spitzenkräften am Analogtresen. Die Spitzenkräfte schenken erfundene Szenegetränke aus, die hauptsächlich Sekt und Eis enthalten. L. sagt, ich sei ihr Praktikant, ich sage: Ich mache eine Hospitanz. Ja, ja, sagt L., in Berlin muß man sich sein Leben eben ausdenken, sich erfinden, ein, zwei, drei, vier Projekte haben. Ich bin der Trainee an der Tür, sage ich den Bekannten, die ich begrüßen kann, ich durchlaufe das Traineeprogramm Tür. Ich halte den Stempel, einen Datumsstempel, meist auf den elften September eingestellt, meine Ausbilderin, die promovierte Musikwissenschaftlerin, kassiert. Ich sage «Heute Flittchenbar im Golden Gate» zu den Besuchern und versuche ihnen, die Besucher sind alle sehr nett, den elften September so zärtlich wie möglich auf die Hand, am liebsten auf die Maus, den gewölbten Daumenmuskel der Handinnenseite, zu stempeln.

TORSTRASSE Wir schieben uns durch das White Trash. Wir schieben uns durch die Einrichtung eines ehemaligen China-Restaurants, an geschnitzten Stühlen und Kunstledersesseln vorbei, und setzen uns auf den Rand einer aus bemaltem Styropor geformten Drachengrotte, in der kein Wasser mehr plätschert. Es ist drei Uhr früh, wir fühlen uns wie auf einer Familienfeier, die in einem bürgerlichen Restaurant außer Rand und Band geraten ist. Später, zwischen vier und halb sechs Uhr morgens, *nuit blanche* im White Trash, werden alle betrunken sein, und ALLE miteinander, jeder mit jedem, reden. Auch wenn sie sich gar nicht kennen. Dieser Laden baut erworbene Kommunikationshemmungen ab, sagt L. Der Erfolg des White Trash, in dem am frühen Abend auch gekocht wird, allerdings, wie auf einer Familienfeier, immer nur ein Gericht, ein Essen, ein Einheitsessen, das man essen kann oder eben nicht, der Erfolg dieses Clubs muß auch mit seinem Namen zusammenhängen. In dem, sagt L., stecke nämlich auch die Sehnsucht, allen kulturellen Ballast abzuwerfen, die Unkultur zu seiner Kultur zu machen, sich für nichts mehr interessieren zu müssen. Nichts als White Trash zu sein.

TORSTRASSE, NOCHMAL WHITE TRASH Einmal erhielt die Frau an der Bar – eigentlich ist sie Sängerin – einen Anruf. Eine Stimme sagte: Gleich kommt Mick Jagger vorbei. Die Frau an der Bar, die Frau, die eigentlich Sängerin ist, sagte: Ja, ja, vielen Dank. Und legte gleich wieder auf. Und dann stand er plötzlich da. Und, so ist das hier eben, sagt L., keine Sau beachtete ihn. Alle übertrafen sich in ihrem Bemühen, diesen alten Mann zu übersehen.

BORSIGSTRASSE, AUF DEM WEG ZUM AUTO sagt L., das Prinzip der meisten interessanteren Clubs sei es, sich in oder mit Hinterlassenschaften und Überresten einzurichten. Das White Trash war ein Chinarestaurant, das Tristesse ein Küchenstudio, das Golden Gate eine Tischlerei. Es gab die Kachelbar, in der weiß gekachelten Küche des geschlossenen Burger King in der Rosenthaler Straße. Und es gibt oder gab Tresorräume, die Bunker, die E-Werke, die Möbel aus dem Palast der Republik. Handtaschen werden heute aus alten Lastwagenplanen und Aldütütenresten hergestellt, uncool is the new cool, das Häßliche das neue Schöne. Deshalb gehen wir gerne in ein heruntergekommenes Chinarestaurant in einer Plattenbauhöhle, dessen Fenster immer verschlossen und abgedunkelt sind. Wir stehen am Auto, wir steigen ein und fahren ins Bad Kleinen.

LINIEN-, ECKE ORANIENBURGER STRASSE, IM AUTO

Wir sind Ruinenbewohner, sagt L., wenn die meisten Ruinen mittlerweile auch saniert und außen renoviert sind, mit Gasetagen- oder Zentralheizung, Innentoilette und Badezimmer nachgerüstet worden sind. Vor zwölf, dreizehn, vierzehn Jahren war an so viel Luxus nicht zu denken.

LEIPZIGER STRASSE

Siehst du, sagt L., es gibt einen neuen Berufszweig: Arbeitslose Opernregisseure und ihre Beleuchter inszenieren Lichtspiele für leerstehende Bürohäuser. Die neuesten, erst kürzlich schlüsselfertig übergebenen Berliner Ruinen, die nur mit einer Haut aus Glas überzogenen, leerstehenden Bürogebäude in Mitte und anderswo, werden nachts aufwendig beleuchtet. Nicht angestrahlt, wie etwa die Ruine des Heidelberger Schlosses, sondern von innen mit farbig wechselnden Lichtern bespielt. Wer jetzt noch unterwegs ist, erinnert sich morgen, wenn er ein großes Büro braucht, vielleicht an dieses Haus.

KRAUSENSTRASSE

Hier, in einem leerstehenden, spätwilhelminischen Bürohaus, hier, im Mecklenburg-Vorpommern von Mitte, lag, das war im Frühjahr 2003, das Bad Kleinen. Samstagnacht mit Neo-Punk. Bei einem Konzert hatte ein Musiker die Aufgabe, leere, nicht besonders sorgfältig gespülte Schraubverschluß- und Senfgläser von einer Leiter herab im Takt kaputtzuwerfen. Über dem Schatten einer Weltkarte an der lange nicht mehr gestrichenen Wand stand in Westernschrift «Bad Kleinen». Davor der Tapetentisch, der als Tresen diente, an dem nicht sehr kaltes Bier und Sekt ohne Eis hinuntergestürzt wurde. Es gab keinen

Kühlschrank. Oben, sehr weit oben unter der hohen Dekke, ein Fries aus pornographischen Schattenrissen. Sonst nichts. Nur die Reste im Raum, Perlen für DDR-Archäologen. Die alten Gardinen, ein sonderbarer, farblich undefinierbarer Teppichboden. Eine Telefonkabine ohne Telefon. Das war einmal, daher auch der Schatten der Weltkarte, das Auslandspostamt der DDR. Jetzt wird das Haus saniert. Oder soll saniert werden, sagt L., jedenfalls ist dieses Bad Kleinen, es war schon das zweite, geschlossen.

ROSA-LUXEMBURG-PLATZ Gleich neben der Volksbühne, vor dem Pavillon der Galerie Meerrettich, steht eine Freiluftbar. Unter einer aus Baugerüstelementen errichteten Plattform, im Schatten eines Lindenbaums. Die Bar, das Projekt und die Plattform heißen *Hier entsteht.* Oben auf der Plattform darf ein jeder auf- oder einbauen, was er möchte, hier, an diesem Modell, sollen partizipative Architektur und räumliche Aneignung ausprobiert werden, noch deutlicher als irgendwo sonst in der Stadt. Einer hat sich ein winziges Wohnzimmer gebaut, eine andere eine Luftdusche installiert und Rollrasen verlegt – so wie im echten Berlin, wenn eine privat finanzierte Grünanlage frist- und prospektgerecht fertiggestellt werden muß.

Wir stehen in der Freiluftbar, in der am frühen Abend Vorträge gehalten und Filme vorgeführt werden, wir trinken Sekt auf wenig Eis und haben das gute Gefühl, an einem großen Projekt beteiligt zu sein. Hier ist es Kunst, sagt L., zweihundert Meter weiter steht ein Kiosk, an dem wir uns ganz kunstfrei betrinken könnten. Wir reden über all das, was nicht entstanden ist. Über Traumruinen, gesprengte Luftschlösser, Erfindungen. Unser nächstes Projekt soll heißen: Hier entsteht nicht. – Hier entsteht nur Erinnerung, sagt L., wo wir überall gewesen sind, diesen Sommer. Das Bier kommt aus einem einzigen altersschwachen, nicht besonders gut kühlenden Kühlschrank. Es riecht, wer es nicht mag, sagt es stinkt, nach Linde.

STADTAUTOBAHN Rumfahren. Kaum noch andere Autos um sich haben. Einfach so durch den Tiergarten fahren, auf die Autobahn fahren, sich unbedingt verfahren wollen. Nachts auf der Stadtautobahn, immer im Kreis, die Nacht wird irgendwann weiß. Eine West-Berliner Tätigkeit, sagt L., dem Auto einmal Auslauf geben.

AN EINER TÜR, ICH WEISS NICHT MEHR WO Der Mann an der Tür sagt: Gehen Sie nach Hause. Begeben Sie sich direkt dorthin. Gehen Sie in keine andere Bar, in keinen anderen Club, an keinem Geldautomaten mehr vorbei. Gehen Sie nach Hause, legen Sie sich in Ihr Bett, schließen Sie die Augen.

MONBIJOU

Die Wiese im Park, das ist ihr anzusehen, wird benutzt. Mancher heiße Grill hat den Rasen schwarz gestempelt. Die Mülleimer sind mit Aufklebern übersät, und an sonnigen Tagen wird der Schatten unter den Bäumen zum Kinderwagenparkplatz. Und der ganze Park zum Lese- und Speisesaal.

Eingeklemmt zwischen Spree und Oranienburger Straße, liegt er da, der Monbijoupark, der seinen Namen von einem Schloß hat, das dort gar nicht mehr steht. Die wenigen alten Kastanienbäume und die knorrigen Platanen haben Schloß Monbijou sicher noch gesehen. Es stand hier, eine kriegsbeschädigte Ruine, noch bis 1959. Dann beschloß der Magistrat von Ost-Berlin den Knobelsdorff-Bau, in dem sich zuletzt das Hohenzollernmuseum befunden hatte, entgegen allen Protesten abzureißen. Fortan gab es noch ein Schloß weniger in der Stadt. Und eine Freifläche mehr.*

Noch während des Krieges hatte es einen anderen Plan gegeben. Albert Speer wollte das Schmuckstück *mon bijou* so wie es war nach Charlottenburg, in den dortigen Schloßpark, versetzen lassen. Um so hier, gegenüber der Museumsinsel, Fläche für noch mehr Angeberbauten zu gewinnen. Der bekannte Ausgang des Krieges verhinderte das Vorhaben. Das Schloß brannte nach Bombentreffern aus.

In den sechziger Jahren wurde in dem vom Schloß befreiten Garten das Kinderbad Monbijou erbaut, mit einem sehr

---

* Und wie wäre es, statt des Stadtschlosses erst mal Schloß Monbijou wiederaufzubauen?

flachen und einem weniger flachen Becken. Kopfsprünge vom Rand sind dort leider verboten. Es gibt keine Rutsche und keinen Sprungturm, trotzdem ist das Bad bei den entsprechenden Zielgruppen – Kindern und ihren Eltern – sehr beliebt. Die Kinder, die da planschen, planschen quasi im Rohmaterial eines expressionistischen Großstadtgedichts: Über ihnen rollen S-Bahnen und ICEs auf dem Stadtbahnviadukt, Ausflugsdampfer ziehen auf der Spree vorbei, der Fernsehturm ragt groß ins Bild, und Flugzeuge zeigen sich am Himmel. Die Zäune um das Kinderbad sind seit der Wiedereröffnung nach langer Renovierung höher und sommernachts nun schwieriger zu überklettern.

Mitten im Park und sympathisch unrenoviert liegt ein Gebäude, in dem sich Ateliers der Kunsthochschule Weißensee befinden. Durch ein offenes Fenster sind Farbtöpfe zu sehen, die meisten Scheiben sind von innen milchig lasiert, um vor neugierigen, störenden Blicken zu schützen. Teile der Fassade sind, wie es scheint von Studenten selbst, rot angestrichen worden.

Auf dem Spielplatz hinter dem Bad, fast schon an der Spree, lassen sich die Veränderungen der Spielplatzbaukunst über die Systeme hinweg studieren. Aus DDR-Zeiten übriggeblieben ist ein monströser, bunkerähnlicher, mit kleinen Findlingen gespickter Beton-Höcker. Kinder können auf ihm herumklettern und auf einer Rutsche aus Zement herunterrutschen. Unter dem steinernen Kloß hindurch verläuft, nicht wirklich ein Fluchttunnelmodell, ein heute verschlossener Kriechgang. Eine Installation, die Eltern heute kaum gefallen kann. Besorgte Eltern von heute sehen ihre Kinder lieber auf dem gleich danebenstehenden, aus einer privaten Spende finanzierten, bunten, grazilen, multifunktionalen Klettergerüst mit einem Hängebrückchen zwischen zwei Türmen und einer hosenbodenschonenden Metallrutsche.

Am Fluß, genau da, wo einmal Tierversuchsbaracken der Charité standen, liegt heute die Strandbar Mitte, die eigentlich keine Strandbar mehr ist. Seit die neue, großzügige Uferpromenade angelegt wurde, ist aus der ehemaligen Strandbar, in der die Liegestühle tatsächlich auf Sand und direkt am Wasser standen, ein Café mit Marmortischchen und Oleandersträuchern in großen Kübeln geworden.

In den schon lange abgerissenen Baracken befand sich vor etwa zehn Jahren der Club Kunst und Technik, eine der improvisierten und temporären Bars, die anfangs nur mittwochs, später nur alle sechs Tage geöffnet hatte. Seither haben Landschaftsarchitekten das Gelände neu modelliert und eine breite Freitreppe angelegt, die ans Wasser hinunterführt. Ein kleiner Platz ist entstanden, der von den im Minutentakt vorbeirauschenden Ausflugsdampferrednern gut beschallt wird.

Am Rand des Parks, zur Monbijoustraße hin, stehen auf dem Dach eines ziegelverkleideten Flachbunkers zwei seltsam fremd anmutende Blockhäuser. Es handelt sich um alte, aus Polen stammende Holzbauten, die hier wieder zusammengesetzt wurden, um in ihnen Theater zu spielen und Märchen zu erzählen. Sie heißen Märchenhütten und sehen auch so aus, Hexen könnten in ihnen wohnen. Gleich daneben ist für diesen Sommer ein hölzernes Freilufttheater errichtet worden. Fast jeden Abend wird dort in den nächsten Wochen das für Freilufttheater geeignetste Stück überhaupt gespielt, Shakespeares unvermeidlicher *Sommernachtstraum*.

Hunde sollten im Park nicht frei herumlaufen. Sonst könnte sich – unwahrscheinlich, aber nicht unmöglich – wiederholen, was der fünfunddreißigjährigen Grafikerin Kerstin V.

hier am Abend des 8. Mai 2006 passierte. Ihr Hund Fritz fand damals, an einem Erdhaufen erst schnüffelnd, dann scharrend, eine mumifizierte Frauenleiche. Diese kam zutage, weil für die Neuanlage der Wege Erdreich bewegt worden war. Es handelte sich, wie später ermittelt wurde, um eine schon seit fünfzehn Jahren vermißte türkische Frau, die ihren Mann hatte verlassen wollen. Als hätten die Gartenarchitekten ihrer gedenken wollen, befindet sich ganz in der Nähe des Fundorts heute eine unmotiviert aus der Wiese ragende, wie ein Grabhügel anmutende kleine Erhebung. Vielleicht soll das aber auch nur ein Rodelhügel sein. Nicht weit davon plätschert ein neuer Brunnen: eine große, dunkle Metallschale, die beständig überläuft. Schöner läßt sich Überfluß nicht darstellen.

ODERBERGER

Sie ist schön, weil sie so breit ist, aber es fällt gleich auf, daß es kaum noch normale Geschäfte gibt. Eine Glaserei, ein Waschsalon, ein Kopierladen und der Laden, in dem angeblich alles repariert werden kann. Ansonsten Mode und nochmal Mode. Wo bis vor kurzem noch eine Bäckerei war, ist jetzt ein Café, der Bioladen ist ein Restaurant, es gibt kein Geschäft mehr, in dem man Milch kaufen könnte. Dafür ausgelatschte Turnschuhe (erstaunlich teuer) und interessante Unterwäsche.

Die letzte Bastion der Normalität, ganz kunst- und modefrei, bildet die Feuerwache Oderberger Straße. Es soll die älteste Deutschlands sein. Seit hundertfünfundzwanzig Jahren rückt die Feuerwehr von hier aus, vorbei an den Häusern, die bis auf eine Ausnahme mittlerweile alle saniert sind. Manche Fassade wurde auch schon zum zweiten Mal erneuert. So steht sie da, die Straße, in Bonbonfarben und dem vor zehn Jahren so beliebten Gelb. Nur zwei Neubauten hat die Oderberger, beide sind erst 2010 fertig geworden, sehr zurückhaltend füllen sie die ehemalige Lücke neben dem Stadtbad.

Wer ist auf der Straße zu sehen? Morgens sind es Väter oder Mütter, mit dem Kind auf dem Weg in die Kita. Jogger auf dem Weg ins Cantian-Oval. Der ein oder andere, der trotz aller zur Schau gestellten Lässigkeit nicht verbergen kann, daß er ins Büro muß. Später rollen die Fahrradtouristengruppen an, die nervigen Straßenmusikanten, ganz selten kommt einmal jemand, der älter als sechzig aussieht, über den Gehweg. Hipster- und Kinderwagenmaut müßten hingegen große Einnahmen bringen.

Wer hier wohnt, wohnt mittendrin und muß nicht mehr verreisen. Es reicht, vor die Tür zu gehen, immer ist irgendwo Italienisch zu hören. Oder Spanisch. Oder Dänisch. Oder Englisch. Berlinert wird nur noch sehr selten. Je nach Tageszeit und Wochentag sind zwischen vierzig und neunzig Prozent der Passanten Touristen. Fühlt sich manchmal an, als wohnte man auf dem Montmartre, gleich neben Sacré-Cœur.

Manche sagen, die Oderberger Straße sei ein Opfer ihres eigenen Erfolges. Und es gibt Anwohner, die davon träumen, der Name der Straße wäre über Nacht aus allen Berlin-Reiseführern aller Sprachen verschwunden. Aber wieso jammern? Wer über Touristen jammert, erinnert sich nicht daran, wie leer, kahl und unbenutzt die Stadt lange Jahre war. Wer aus Paris oder Barcelona kam, mußte sich fragen: So eine große Stadt, aber kaum Menschen. Jetzt sind sie da. Und kommen genau aus den Ländern, die wir deutschen Reiseweltmeister über Jahrzehnte hinweg touristisch belagert haben. Aber man weiß ja schon, wenn das Zeitalter der Billigflieger zu Ende geht, wird es wieder ruhiger werden. Bis dahin bleibt die Flucht in den versteckter liegenden Hirschhof, gerade wird allerdings auch dort um- und ausgebaut.

Was suchen die Besucher hier? Die Street Art, die hier mittlerweile restauriert wird? Die alten DDR-Laternen mit dem Pfahl aus Zement? Die Waschbetonelemente, die unmotiviert auf den Gehwegen stehen, Gehwege, die hier so breit sind wie anderswo die ganze Straße? Mit dem Stadtplan in der Hand oder ohne schauen sie in die Höhe, auf die Häuser und auf das Pflaster aus den Granitplatten, die noch Einschußlöcher haben. Denkmalschützer sollten Abgüsse herstellen, um sie zu bewahren.

Die Oderberger ist, man muß es zugeben, eine Freßmeile geworden. Vom Morgenkaffee im Barista (bester Kaffee) über das Mittagessen bei Schädel und Sattler am Stadtbad (neu, freundlich und gut), in der Kiezkantine (altbewährt, günstig und fast immer gut) oder im Restaurant Teigwaren. Man muß hier nicht verhungern und kann abends gleich in der Oderquelle (gute Küche) oder beim Thai Ecke Eberswalder (schlicht und günstig) weiteressen. Oder oder oder. Es gibt noch einige andere Möglichkeiten, sich den Bauch vollzuschlagen.

Warum ist die Straße so schön? Ach ja, weil sie so großzügig angelegt, so breit ist (jemand hat sie mal mit der Piazza Navona verglichen) und scheinbar in den Himmel führt, der abends Richtung Mauerpark oft so schön rot leuchtet. Welche Ironie, daß es da früher nicht weiterging. Bis vor bald einundzwanzig Jahren war die Straße an ihrem Ende ja zugemauert. In den letzten Häusern vor der Grenze, so wird es überliefert, wohnten damals nur Stasiangehörige und Hundertprozentige. Von denen keine Spur mehr. Und von den meisten anderen, die noch vor der Maueröffnung hier gewohnt haben, auch nicht. Bei Umzügen fällt es schon länger auf: Herausgetragen wird studentisches Mobiliar, das dann auf Pritschen von Robben & Wientjes verladen wird. Zieht hingegen jemand ein, arbeiten da meist professionelle Umzugsunternehmen mit Absperrungen und Außenaufzügen, die aufwendig verpackte Möbelstücke in Dachgeschosse liften.

In diesen Wochen ist die Oderberger eine Baustelle. Leitungen, Gehwege und die Fahrbahn werden erneuert – dabei sollte eigentlich alles bleiben, wie es war. Es gab Auseinandersetzungen zwischen einer Anwohnerinitiative und dem Bezirksamt, schließlich hat man sich geeinigt: So viel wie möglich des teils selbstgepflanzten Grüns soll erhalten bleiben. Die Flora der Oderberger ist überraschend vielfältig, es gibt die großen Platanen auf der Stadtbadseite und genau achtundfünfzig Rotdorne auf der Feuerwehrseite, die im Frühling in großen roten Kugeln blühen. Eine «Grünflächenbestandsaufnahme» hat vor wenigen Jahren insgesamt zweihundertneunzehn Anpflanzungen kartographiert, noch immer lassen sich in Hochbeeten, Kübeln und an Hauswänden Korkenzieherweiden, Efeu, Hagebuttensträucher, Lavendel und wildwuchernde Götterbäume finden.

Die Anwohner der Oderberger, das hat Tradition, organisieren sich. Schon in den späten achtziger Jahren, noch zu DDR-Zeiten, hat man den Abriß der Zeilenbebauung verhindert. Später wurde der Hirschhof angelegt, Baumscheiben bepflanzt, Bänke gebaut, teils innovative Sitzgelegenheiten geschaffen und, sehr deutsch, kleine Erklärschildchen an die Pflanzentröge geklebt. Und es gibt Termine, an denen die Bewohner sich zu Aufräumaktionen treffen.

Bis vor ein paar Jahren existierte in Prenzlauer Berg das Feindbild des zugezogenen Westdeutschen – erinnert sei an die ironischen Plakataktionen kurz vor Weihnachten, wie die, die gute Heimfahrt in Städte wie Koblenz wünschte. Dieser Konflikt hat sich weitgehend erledigt. Mittlerweile werden die vor zehn oder fünfzehn Jahren zugezogenen Westdeutschen, die einstigen Vorboten der Gentrifizierung, selbst verdrängt. Die zweifelhafte Zukunft, fast schon Gegenwart, ist zu sehen, wo Oderberger und Schwedter sich treffen: der furchtbare lilafarbene Schuhkarton, der für die Wohnanlage Marthashof, die Luxushasenställe in der Schwedter Straße, wirbt.

BERNAUER STRASSE

Bald wird das erste neue Haus auf dem Mauerstreifen der Bernauer Straße stehen, die heute noch wie eine Schneise zwischen Mitte und Wedding liegt, überbreit, als hätte da eine Landebahn angelegt werden sollen. Links befindet sich noch die Brache, die durch den Abriß der Blockrandbebauung entstanden ist, die früher Todesstreifen und verbotene Zone war und heute Halbwildnis und Hundeauslauffläche ist, rechts, auf der anderen Seite der Straße, früher war da Westen, stehen die Neu- und Altneubauten des Weddings.

Der Posten- oder Kolonnenweg, der einst zwischen Hinterlandmauer und Sperranlagen parallel zur Bernauer verlief, ist zu einem Spazierweg durch die Brache geworden. Grenztruppen patrouillieren dort nicht mehr. Der Weg führt durch Gestrüpp, an weggeworfenen Plastiktüten, umgestürzten Plakattafeln, Bauschutt, einzelnen Damenschuhen und halbausgegrabenen Kellergewölben entlang, Ziegelmauerreste schimmern durch die Grasnarbe. An einigen Stellen sind Parzellen eingezäunt worden, so werden Besitzansprüche sichtbar gemacht. Wieviel Zeit seit 1989 vergangen ist, zeigen die Bäume, die auf dem Streifen, um den die Mauer auf DDR-Gebiet zurückgesetzt war, gewachsen sind, die Bäume bilden nun, da sie nicht mehr da ist, gleich neben dem Bürgersteig eine neue, viel freundlichere Mauer.

Hausnummern hat die Straße nur auf der nördlichen, der Weddinger Seite. Auf der Seite der Rosenthaler Vorstadt, ehemals Osten, braucht es keine. Es gibt ja keine Häuser, sondern bisher nur eine Baugrube Ecke Ruppiner Straße und ein weiteres Bauankündigungsschild. Auf dem ist der Aufriß einer Gartenwohnung mit Ausblick auf den ehemaligen Todesstreifen zu sehen.

Im Pflaster des neugebauten Bürgersteigs liegen die alten Gedenksteine, auf denen in der Grabsteinschrift der sechziger Jahre, der Typographie der Zeit, den Opfern der Mauer gedacht wird. Auf ihnen heißt die Mauer noch *Schandmauer*, eine von Willy Brandt geprägte Bezeichnung, die West-Berlin bis Ende der sechziger Jahre offiziell verwendete. Daß hier einmal Menschen erschossen wurden oder zu Tode stürzten – Ida Siekmann am 22.08.1961, Olga Segler am 26.09.1961, Bernd Lünser am 4.10.1961 –, nur weil sie von der einen Straßenseite auf die andere wollten, erscheint heute absurd, ja unglaublich. Sie versuchten, sich an zusammengeknoteten Bettlaken oder Wäscheleinen aus dem Fenster hinunterzulassen, weil der Bürgersteig unter ihnen schon zum französischen Sektor gehörte, also im freien Westen lag. Einem Kind, das hier, das neue Pflaster ist so glatt, Rollschuh fährt, ist dieser Wahnsinn nur schwer zu vermitteln.

Bis vor zwei Jahren war die Bernauer noch kopfsteingepflastert, dann wurde die Straßenbahnlinie bis zum Nordbahnhof verlängert. Sie fährt nun auf eingelassenen Schienen in der Mitte der Straße, an der es keine interessanten Geschäfte gibt. Abgesehen von der Kreuzung mit der Brunnenstraße, wo über einem folienverklebten Schaufenster «Refillpatronen und Nachfülltinte» zu lesen ist, und einem vom Lazarus-Krankenhaus betriebenen Diabetes-Laden gibt es überhaupt keine Geschäfte auf der Bernauer Straße. Es gibt auch keine Cafés, nur einen Inder, ganz oben, fast noch im Mauerpark, und einen Imbißwagen, der am U-Bahn-Ausgang in der Brunnenstraße Chinapfanne anbietet. Zu Ostern eröffnet an dieser Kreuzung, das geht schon ein paar Jahre so, ein Rummel, dann stehen ein paar Buden, ein Kinderkarussell und ein Autoscooter auf dem Todesstreifen und dort, wo die Mauer war, die Wohnwagen der Schausteller.

Hinter der Kreuzung mit der Strelitzer Straße, unter der einmal ein Fluchttunnel quer unter der Bernauer hindurch gegraben wurde, fällt die Straße leicht ab. Links liegt die neu errichtete Erlöserkapelle mit hölzerner Stabfassade auf dem Grenzstreifen. Sie steht genau dort, wo sich der Chorraum der Erlöserkirche befand, von der nur die Schwelle des Portals und je zwei Torsteine der Seitenpforten geblieben sind. Über zwanzig Jahre lag die leere Kirche unzugänglich im Todesstreifen, dann wurde sie, das war 1985, gesprengt. Neben der Kapelle ist zwischen ein paar Findlingen ein kleines Roggenfeld angelegt worden. Die Halme stehen noch nicht sehr hoch. Erklärungen am Zaun bestätigen den Verdacht, daß es sich um ein Kunstprojekt handelt.

Wenige Schritte weiter befindet sich dort, wo ein Abschnitt der Grenzanlagen mit all seinen Einrichtungen und Sperrelementen – Grenzmauer, Todesstreifen, Postenweg, Peitschenlampen und Hinterlandmauer – erhalten ist, die Mauergedenkstätte. Zwei je sechs Meter hohe, von den Architekten Kohlhoff & Kohlhoff entworfene Stahlwände durchschneiden die denkmalgeschützte Grenzanlage und machen einen vierundsechzig Meter langen Mauerabschnitt zum Monument. Vierundsechzig Meter unversehrte Grenzmauer 75. Die Grenzmauer 75 ist das bekannte Modell, die Mauer der vierten Generation mit Rundkrone; hier steht sie betongrau und unbemalt, weil der Beton schon einmal bis auf die stählernen Armierungen abgeschlagen war. Durch eine Renovierung ist sie in ihren ursprünglichen Zustand zurückversetzt worden, dieser entspricht allerdings nicht dem historischen Zustand, denn natürlich stand die Mauer hier nie so unbemalt und unbeschriftet in der Stadtlandschaft. Genau vor diesem Denkmal steht seit einigen Wochen, vom Bezirksamt Mitte sehr gefühlvoll plaziert, ein neuer, solarzellenbetriebener Parkautomat.

Ein paar Meter rekonstruierte Friedhofsmauer schließen sich an, dann folgt ein weiteres Stück Grenzmauer, hier aber hängen die Armierungseisen heraus, als ob sie von riesigen, betonknabbernden Kaninchen freigenagt worden wären. Die Häuser auf der anderen Straßenseite, da, wo Westen war, ducken sich zweistöckig und balkonbewehrt hinter ihre verbuschten Vorgärten. Sieht aus, als hätten sie nie über die Mauer hinübersehen wollen.

Touristen kommen hierher, laufen die Straße hinauf und hinunter, um die Mauer, das kurze Stück immerhin, zu sehen. Die beste Sicht auf die Grenzanlage bietet der Turm des Dokumentationszentrums der Mauergedenkstätte, von dort sind auch die ausgebauten Dachgeschosse der heute schönsanierten, an sonnigen Tagen in allen Pastellfarben leuchtenden Häuser der Rosenthaler Vorstadt zu sehen.

Einmal, vor zwei oder drei Jahren, war die alte Bernauer Straße plötzlich in einer ganz anderen Ecke, am anderen Ende des Mauerparks, in der Kopenhagener Straße zu finden. Dort, wo noch unsanierte Altbauten stehen, war auf einem Straßenschild von einem auf den anderen Tag Bernauer Straße zu lesen, und die Mauer stand wieder da, die frühe, improvisierte, mit Stacheldraht über Fertigelementen aus Beton. Die Häuser, die dort, Ecke Sonneburger, tags zuvor noch wie immer ausgesehen hatten, trugen ihre Fensteröffnungen nun mit Ziegelsteinen vermauert – aber es waren bloß bemalte Sperrholzplatten und die Mauer bloß Kulisse für einen Film. Sie bestand aus bemalter Pappe und Styropor. Echt genug aber, um für einen Augenblick zu erschrecken, sah sie aus.

GEBRAUCHTWAGENHÄNDLER

Gebrauchtwagenhändler, es gibt euch noch. Und ich hatte schon gedacht, ihr wäret aus dem Stadtbild getilgt und in unzugängliche Industriegebiete verdrängt worden. Die Händler auf dem Gelände an der Bornholmer Straße, da, wo einst die Grenzkontrollen stattfanden, sind schon ein paar Jahre fort. Dort renaturiert die Stadt sich gerade selbst, bald wird da ein kleines Wäldchen oder ein Discounter sein. Der Autohändler an der unteren Schönhauser Allee ist verschwunden, ein solider Bauzaun sperrt das Grundstück ab, desgleichen in der Schwedter Straße, auch dort nun ein Bauzaun. Wo Gebrauchtwagen standen, werden bald Townhouses sein. Noch aber sind nicht alle Bau- und Bombenlücken zugebaut. Ums Eck hat sich auf einem Stück Mauerstreifen ein neuer Gebrauchtwagenhändler niedergelassen. Hat die Bäumchen, das Mauerdickicht an der Bernauer Straße gefällt, das Gelände eingezäunt, mit Kies bestreut und eine Miettoilette aufgestellt. Nur das Großlametta, die Glitzerpuschel, die sonst immer über alten Autos hängen und einen Hauch von Zirkus und Las Vegas verbreiten, fehlen noch.

BOLLE BELLE

Wo Immobilienunternehmer dieser Tage Häuser bauen, um Wohnungen zu verkaufen, müssen sie Geschichten erzählen. Deshalb wohl heißt die Baustelle in der Schwedter Straße, auf der gerade Townhäuser entstehen, Kastaniengärten. Kastanien stehen da zwar keine, aber die Kastanienallee ist ja nur einen halben Kilometer entfernt. Gleich nebenan liegt der zukünftige Marthashof. Marthashof klingt zwar wie der Name einer Irrenanstalt (tatsächlich befand sich dort bis vor dem Krieg eine Herberge für ehrbare Mägde), entstehen soll dort aber, als Dörfchen im Städtchen, ein «Urban Village». Mit «Vertical Villas», «Penthouses», «Gardenhouses» (das tönt auf Englisch gleich viel größer als Gartenhäuschen) und, natürlich, die dürfen nie fehlen, Lofts. Das schönste Märchen jedoch erzählt ein Zaun an der Kollwitzstraße, Ecke Belforter. «Nous ne faisons pas de Kinkerlitzchen» steht da halbfranzösisch, keine Kleinigkeiten also, «Palais Kolle Belle» soll das Ensemble heißen. Wie bitte? Bolle Belle? Soviel Blödheit scheint nicht abzuschrecken. Die Wohnungen sind alle schon verkauft.

NACHMITTAGS AM 1. MAI

Rauch steigt auf. Und Pflastersteine liegen auf dem Mariannenplatz. Es ist Dienstag, 1. Mai, kurz nach achtzehn Uhr.
Die Polizei filmt die Besucher des Mariannenplatzfestes, die
Besucher filmen zurück. Und fotografieren. Viele sind mit
dem Fahrrad gekommen. In Sommerkleidchen, Tanktops,
kurzen Röcken, Combat- und Cargo-Hosen. Oder sie tragen
T-Shirts, auf denen «Drogenfahnder» steht. Die Polizei fotografiert und filmt aus den Einsatzwagen heraus, sie filmt auch
einen Sechsjährigen auf einem Roller, der ein Che-Guevara-
T-Shirt trägt. Die Polizei filmt Sonnenbrillen und Eastpak-
Rucksack-Träger. Vielleicht sind in den Rucksäcken ja Brand-
sätze drin. Zwei Mädchen halten das Antifa-Piktogramm
hoch, auf dem ein Hakenkreuz in einen Mülleimer fällt. Die
Polizei fotografiert Menschen mit aufgefalteten Stadtplänen
und solche, denen auch an Feiertagen anzusehen ist, wie
brav und triebkontrolliert sie sonst auf ihr Gymnasium, in
ihre Vorlesungen oder ins Büro gehen. Heute aber ist Ausnahme: Die Sehnsucht nach ein ganz klein bißchen Gewalt,
wenigstens an diesem einen Tag im Jahr, läßt sie sympathi-
sierend-begeistert zusehen, wie Müllcontainer umgeworfen
und angezündet und Pflastersteine ausgegraben werden. Die
Krawallbesucher sehen zu, wie der weiße Kleinwagen auf der
Mariannenstraße, den ein Räumpanzer schließlich zur Seite schieben muß, ausbrennt. Und sehen ungefähr fünfzehn
Journalisten und Bildreporter – wer hat schon morgen den
schönsten brennenden Wagen im Blatt? – um das Maifeuer
herumstehen. Die Anwohner, meist Familien, schauen von

den Balkonen wie aus Logen zu, Musikuntermalung kommt aus den Häusern, Lautsprecher stehen in den Fenstern.

Statt des harten Kerns von vielleicht zweihundert gewaltbereiten Autonomen, die Tausende Schaulustige anlocken, könnten am ersten Mai auch ein paar junge, wilde Stiere durch die Straßen von SO 36 getrieben werden. Kreuzberg wäre für einen Nachmittag Pamplona – und der junge, sonst so leicht gelangweilte Großstadtbewohner, seine Freundin und der Besuch aus der Provinz hätten gleichermaßen Gelegenheit, große Gefühlsaufwallung und den Kitzel der Gefahr zu spüren.

Vielleicht, der Verdacht drängt sich auf, wenn ganze Straßenzüge mit Einsatzwagen zugeparkt sind, wird der erste Mai auch bloß dazu benutzt, das tolle Polizeigerät vorzuführen? Einer der grünen Räumpanzer, die an große Schildkröten erinnern, schiebt das brennende Auto auf den Bürgersteig, einer der schweren Wasserwerfer, die alle, nach ihrem berühmtesten Opfer, Günter Sare heißen müßten, schießt in das Feuer. Und ein wenig in die Menge.

Eine Frau im Sommerrock – sie sagt: «Ich weiß was abgeht, ich war vor zwei Jahren im Kessel an der Oderberger Straße» – legt sich Pflastersteine in eine Haustür, die gerade zufallen will. Sie steht vor dem Schaufenster des Schuhgeschäfts, auf dem ein Zettel vom «Ausverkauf bis zum 1. Mai» kündet. Als der weiße Kleinwagen fast ganz ausgebrannt ist, fragt ein älterer Tourist mit Antifa-T-Shirt: «Wo ist denn hier die nächste Pizzeria?»

Die Polizeibeamten, die ihre Einsatzwagen mit Wimpeln ihrer Bundesländer schmücken, müssen sich «Scheiß Zonis» hinterherrufen lassen. Die Wimpel hängen wie kleine Standarten in den Führerhäusern ihrer Wagen, deren Lackierung sich je nach Bundesland unterscheidet. Nach dem Weg gefragt, sagt einer der grün verpackten Polizisten: «Woher soll ich das wissen, ich bin doch nicht von hier. Und hab' auch keine Lust auf diese Spielchen.» Der alte Türke in dem Geschäft an der Manteuffelstraße meint: «Einmal im Jahr muß es knallen, einmal im Jahr muß sein.» Die Bäckerei in der Wrangelstraße macht guten Umsatz.

Seine eigentliche Spannung bezieht der späte Nachmittag aus der Unübersichtlichkeit. Keiner weiß genau, was wo vor sich geht, obwohl ungefähr ein Drittel aller Herumstehenden pausenlos mit anderen Zuschauern, die ein paar Straßenekken weiter stehen, telefonieren. Den herumstehenden Polizisten geht es nicht anders. Nur hin und wieder hören auch sie, die Türen ihrer Wagen stehen ja offen, ein «Ey, da hinten geht's voll ab ey».

MYTHOS KREUZBERG

Zur Arbeit am «Mythos Kreuzberg» rief die Heinrich-Böll-Stiftung ins Nachbarschaftshaus an der Urbanstraße und fragte nach der «Bilanz eines multikulturellen Experiments». Es geht die Fama, Kreuzberg sei Anfang der siebziger Jahre von Rio Reiser und seinen Brüdern erfunden worden. Damals, als die Studentenbewegung noch in Charlottenburg und Dahlem herumtollte. Kreuzberg war ein Ort am Ende der Welt, Insel der Inseln, mit leeren Fabriketagen und billigstem Wohnraum. Den eroberten sich nun türkische Gastarbeiter, Studenten (Bernward Vesper und Gudrun Ensslin wohnten in der Cuvrystraße), Wehrdienstflüchtige und Schwaben nebst anderen westdeutschen Landsmannschaften.

Hausbesetzungen und der Kampf gegen die Staatsmacht («Der Mariannenplatz war blau, so viele Bullen waren da», sangen Ton, Steine, Scherben) gehörten zur Folklore, es herrschte, so die Erzählung, eine immerwährende revolutionäre Stimmung.

Zum späteren mythischen Höhepunkt, in keiner 1.-Mai-Geschichte fehlend, zählt die Plünderung und das anschließende In-Brand-Setzen des Bolle-Supermarktes an der Wiener Straße. Noch Jahre später wurden damals erbeutete Erbsen-und-Möhren-Konserven wie Reliquien herumgezeigt. Der «Traumbezirk», wie Thomas Groß das einmal genannt hat, war die Nische, der Ort, an dem keiner erwachsen werden mußte. Ort für Künstler und Möchtegernkünstler im Schatten der Mauer.

Zu den Wendegewinnern, auch das eine beliebte Berlinerzählung, gehörte Kreuzberg nicht. In den neunziger Jahren wurde der Bezirk schlechtgeredet und -geschrieben. Es folgte der Aderlaß in die neuen Bezirke. Und die älter werdende Urbevölkerung wanderte in weiter westlich liegendes Gebiet ab. Deshalb konnte ein Herr aus dem Publikum den Kongreßbesuchern auch berichten, daß er nun, nach achtundzwanzig Jahren, letzter verbliebener deutscher Mieter in seinem Haus sei.

In das Kreuzberger Mythenkörbchen gehören in der Folge die Geschichten von Schulen mit Klassen, in die keine deutschen Kinder mehr gehen, von den Eltern, die, sobald ihre Kinder schulpflichtig werden, wegziehen und die von den «Jacken abziehenden» Jugendgangs. Die aber gibt es auch in anderen Bezirken. Kreuzberg aber funktioniert immer auch als Schreckensbild.

Warum fand es die Böll-Stiftung nun an der Zeit, die «Bilanz eines multikulturellen Experiments» zu ziehen? Ist ein Experiment nicht eine gesteuerte, kontrollierte Versuchsanordnung? Werden Bilanzen nicht gezogen, wenn es vorbei ist? Ist es mit der Multikulturalität, wenn sie denn ein Experiment gewesen sein sollte, zu Ende? Das Nebeneinander verschiedener Kulturen und Lebensentwürfe, die sich auch in Kreuzberg nicht immer vertragen, ist eine Tatsache und nichts, das sich von heute auf morgen beenden ließe. Eine Tatsache, die auf Dauer aber eben auch keine Beschönigung und keine harmonisierende Selbsttäuschung verträgt. Es gibt junge türkischstämmige Männer, die ein befremdliches Imponiergehabe an den Tag legen können. Und es gibt Junkies am Kottbusser Tor.

Die multikulturelle Gesellschaft in Kreuzberg ist eine, die, wie alle Großstadtgesellschaften, durch tolerante Ignoranz funktioniert. Sie funktioniert aber auch, weil größere soziale Verwerfungen noch durch die großzügigen Fördermaßnahmen früherer, fetter Jahre verdeckt werden.

Die Bilanz galt im Grunde eher der politischen Arbeit eines Milieus, das Kreuzberg miterfunden hat. Claudia Roth trat zwar nicht auf, Christian Ströbele aber war da. Der Mythos Kreuzberg schreibt sich derweil weiter. Wer kann, zieht heute in den Wrangelkiez, die Touristen sind schon da. Sei echter, authentischer als anderswo, geht das Gerede, das Durcheinander mache attraktiv.

NEUE WELT

Die neue, größte Halle Berlins liegt wie ein riesiger gestrandeter Walfisch im Niemandsland zwischen Ostbahnhof und Warschauer Straße. Veranstaltungen mit bis zu 17 000 Zuschauern sollen hier bald alle paar Tage stattfinden. Darauf jedenfalls hoffen die Erbauer. Die Eisbären werden hier spielen. Alba Berlin wird hier spielen, Coldplay werden auftreten, Leonard Cohen sich die Ehre geben und die Pferde von Apassionata bald durch die Halle galoppieren.

Rund um den Bau, der nicht nur seiner schieren Größe wegen, sondern auch wegen seiner einem Bartenwalmaul ähnelnden Front an einen Walfisch erinnert, liegen Parkplätze und neue Straßen, die alle Frauennamen tragen. Daß deren neue, breite Bürgersteige noch nicht täglich genutzt werden, ist an den Unkrautbüscheln zwischen den Pflasterplatten zu sehen, die den feuchten Sommer über in den Ritzen gewachsen sind. Noch schläft die Gegend, bald aber, wenige Tage noch, und die neue Welt eröffnet.

Anwohner, die das stören könnte, gibt es keine. Ein einziges Haus ist am Rand des weiten Geländes stehengeblieben, eingerüstet und leicht zurückgesetzt, als wüßte es selbst nicht so genau, was es hier noch soll, liegt es an der neuen Mariane-von-Rantzau-Straße, in der Autovermieter ihre Kastenwagen abgestellt haben. Andere Straßen des Karrees heißen Valeska-Gert-, Helen-Ernst-, Mildred-Harnack-, Hedwig-Wachenheim- und Wanda-Kallenbach-Straße. Wer hier spazierengeht, lernt viele Frauen kennen.

Die neue Halle, das große Ding, in dem so viel stattfinden

soll, ist von riesigen Parkplätzen umgeben. Schöne Parkplätze, die um das Riesentier herum eine das Auge beruhigende Ordnung herstellen. Hier sind nicht einfach Abstellflächen entstanden, nein, hier haben, Modellbau in ganz groß, Landschafts- und Parkplatzarchitekten sich besondere Mühe gegeben. Noch liegt friedliche Stille über dem Gelände, noch parkt ja kein einziges Auto unter den hohen Laternenmasten und den noch höher aufragenden, weißlackierten Fahnenmasten. Nur ein einzelner, hier sehr klein wirkender Mann steht da und wässert die frischgepflanzte Grünumrandung, zu der auch ein mit melonengroßen Kieselsteinen gefüllter Graben gehört.

Bodenplatten aus Rinnit, einem Kunststein, der Granit ähnlich sehen möchte, sind um die Halle herum verlegt worden. Viele der dicken Steinplatten, vielleicht sind zu viele bestellt worden, stapeln sich wenige Tage vor der Eröffnung vor dem Seiteneingang auf Paletten. Sie stapeln sich zu einem kleinen Gebirge und verdecken fast die Sicht auf die obligatorischen Deko-Bäumchen, die auch hier, vor der steinernen Seitenfassade des Wals, nicht fehlen dürfen.

Hier, wo vorher gar nichts war, ist alles frisch und neu. Oder war hier nicht schon mal was? Gab es hier, zwischen alten Gleisanlagen nicht einmal eine Lagerhalle, in der sich bis 2003 das Ostgut befand? Der vielgerühmte, legendäre Vorläufer des Berghain, der seinerzeit als der beste Club der Welt galt? Weil es in seiner Umgebung heute nichts mehr gibt, muß das große, neue Ding auch keine Rücksicht nehmen. Es liegt da ja ganz allein, als hätte es sich ein paarmal gedreht, hin und her gewendet und dabei alles plattgewalzt. Unversehrt blieb nur der Fuhrpark der BSR auf einem Gelände zur Warschauer Straße hin. Die Berliner Stadtreinigung ist der einzige echte Nachbar der Arena.

Die Halle, wie sie nun dasteht oder -liegt, sieht nicht wirklich billig aus, nein. Ihr Sockel ist aus poliertem schwarzen Granit (Nero Assoluto aus China), die oberen Stockwerke verkleiden geschliffene portugiesische Kalksteinplatten. Sie wirkt allerdings auch nicht so, als hätte man sich große Mühe mit der Gestaltung gegeben. Zweckarchitektur hat ausgereicht, Aufmerksamkeit ist dem Bau gewiß. Außerdem stehen die Reste der größten Attraktion, die Berlin je hatte, ja gleich gegenüber: die East-Side-Gallery, der beliebteste Fotohintergrund der Stadt, vollgekrakelt und neuerdings mit Bildern von Unterhosen mit Eingriff bemalt, wartet auf der anderen Seite der Mühlenstraße. Um einen Zugang zum Wasser zu schaffen, wurde ein Stück von etwa fünfundsiebzig Meter Länge herausgetrennt und eine Spree-Terrasse mit Bootsanleger gebaut. Das war eine gute Idee, endlich ist der Fluß zu sehen und die Mühlenstraße etwas weniger eingemauert. Leicht überdimensionierte Leuchtwände, eine steht fast am Wasser, weisen auf die kommende Eröffnung hin, zeigen aber auch, daß die Peripherie hier mitten in die Stadt geraten ist. Und daß ein Investor bauen durfte, was er wollte. Und auf einmal fällt es auf, der Baugrund war hier so preiswert, Berlin, du warst wieder so billig zu haben, du hast ja so viel Platz, es war nicht einmal nötig, ein Parkhaus zu bauen.

Aber es sollen ja gar nicht alle mit dem Auto kommen. Deshalb ist auch ein neuer Weg angelegt worden, der von den S- und U-Bahnhöfen Warschauer Straße unter der an ihrer Unterseite nun blaßgelb gestrichenen Warschauer Brücke hindurch zur großen Halle führt.

Die bisher nur für Strandbars hinter der Mauer bekannte Terra incognita an der Spree, mit der andere Investoren noch so viel vorhaben, ist nun erschlossen. Besucher können mit S- oder U-Bahn, mit dem Auto oder dem Schiff anreisen und sich in dieser Arena für ihr Geld begeistern lassen. Von Eishockeyspielern oder Pferden, jeder nach seinem Geschmack. Vielleicht finden da eines Tages Parteitage statt? Nein, es ist keine große Kuppelhalle geworden. Die Halle ist nur ein klein wenig größenwahnsinnig, richtig megalomanisch ist sie nicht geworden. Komisch allerdings, daß die größte Halle Berlins nun ausgerechnet nach dem kleinsten aller deutschen Mobilfunkanbieter heißt. Wenn man sie so anschaut, wie sie breit und fett und wichtig daliegt – es könnte einem schon der Gedanke kommen, Helmut-Kohl-Arena wäre auch ein passender Name gewesen.

TEMPELHOFER FELD

Man hat es aus dem Flugzeug gesehen. Man ist vielleicht mal da gelandet. Oder drumherum gefahren, aber man ist nie richtig auf dem Tempelhofer Feld gewesen. Man durfte ja nicht. Sehr lange nicht. Das wird sich kommenden Sonnabend ändern. Ab Sonnabend ist das Tempelhofer Feld wieder offen. Jeden Tag. Von acht bis zweiundzwanzig Uhr.

Von oben sieht es aus wie das größte Loch im Stadtkäse. Eine leere Fläche, auf der sich nicht viel befindet. Ein Wiesenmeer mit breiten Asphaltstreifen, das einmal Ackerfläche, dann Parade- und Exerzierplatz war. Kaisers Geburtstag wurde auf dem Tempelhofer Feld gefeiert, Hunderttausende jubelten hier, das ist nicht mal hundert Jahre her. Es gab Fußballplätze, eine Pferde- und eine Radrennbahn. Schafherden haben hier geweidet, und Zeppeline sind gelandet. Und immer sind sehr viele Menschen dagewesen. Es gibt historische Fotos, die das Erholungsgetümmel zeigen, Großfamilien mit Freßkörben, Liegestühlen und Sonnenschirmen.

Der Flughafen Tempelhof hat das Feld zum Nicht-Ort, zur verbotenen, unbetretbaren Zone gemacht. Die wird Berlin sich nun zurückerobern – und es wird, wie Fontane es im *Schach von Wuthenow* schildert, wieder Ausflüge nach Tempelhof geben. Diesen Sonnabend gibt es dafür besonderen Grund: Es passiert ja nicht alle Tage, daß eine Stadt auf ihrem Gebiet eine zweihundertzwanzig Hektar große Grünfläche für «lastfreie Freizeitnutzungen» findet. Die Wendung «lastfreie Freizeitnutzungen» stammt aus einer Veröffentlichung des Bezirksamtes Tempelhof-Schöneberg. Herumlaufen,

Fahrrad- und Rollerbladefahren und auch Drachensteigen müßten also erlaubt sein.

Steht man auf dem Feld, gibt es nicht viel zu sehen. Kein Baum, kein Strauch. Es ist so groß, so wüst, so leer. Romantische Landschaftsgärten sehen anders aus. Das Auge findet keinen Halt, an diese Totale in der Stadt muß man sich erst mal gewöhnen. Auf dieser Fläche ist jeder sein eigener Aussichtsturm – und deshalb leicht vom Gefühl des Erhabenen überwältigt. Irgendwo gab es mal einen Badeteich, Schlangenpfuhl genannt. Den könnte man ja wieder ausgraben, unter der Rollbahn. Nichts zu sehen, trotzdem ist es großes Kino, auf dem Tempelhofer Feld zu stehen. Der Rundumblick wäre eine Aufgabe für Landschaftsmaler: die Stadt hinter einer weiten, ebenen Fläche zu zeigen. Ein paar Kirch- und Kraftwerkstürme, Schornsteine, der Schöneberger Gasometer und die Minarette der Moschee an der Hasenheide ragen aus der flachen, in der Ferne verblauten Randbebauung heraus. Der weiße Radarturm des Flughafens dominiert das Panorama, er sieht aus wie ein von Bernd und Hilla Becher fotografierter Wasserturm.

So leer und unbebaut zeigt sich hier, mitten in der Stadt, auf einmal Landschaft. Eiszeitgeformte Landschaft. Wer auf dem Tempelhofer Feld steht, der steht auf dem Tempelhofer Oberland des Teltow, ein gutes Stück oberhalb des Warschau-Berliner-Urstromtals. Und hätte der Mensch sich hier in den letzten paar hundert Jahren nicht so vielfältig betätigt, wüchse hier auf der Hochfläche des Teltow wohl ein Mischwald aus Traubeneichen und Waldkiefern.

Noch ist das ganze Tempelhofer Feld eingezäunt. Es ist der alte Zaun, der zuvor das Flugfeld schützte. An vielen Stellen wurde der Stacheldraht entfernt, in Neukölln entlang der Oderstraße und der Straße 465 ist er noch zu sehen. Spaziert man dort immer am Zaun entlang, kann man sich über diesen Zaun ganz schön ärgern. Der Zaun stört das Bild. Der Zaun provoziert. Der Zaun ist einfach häßlich. Man möchte solch einen Maschendrahtzaun mit Stacheldrahtkrönung in Berlin eigentlich nicht mehr sehen. Der Kalte Krieg ist doch vorbei. Und Stacheldraht ist so 20. Jahrhundert. Gäbe es ihn nicht schon, es wäre wahrscheinlich viel zu teuer, ihn zu bauen. Für die Internationale Gartenbauausstellung, die im Jahr 2017 stattfinden soll, kann man ihn vielleicht gebrauchen. Weil er nun also dasteht, ist man auf die Idee gekommen, den Zugang zum Tempelhofer Feld zu beschränken. Es soll ein Park mit Schließzeiten sein. Was will uns das sagen? Nach zweiundzwanzig Uhr bitte keine Neuköllner mehr auf dem Feld? Ausgangssperre? Nachtruhe bitte? In Berlin?

«Der Zaun muß weg. Für ein Recht auf Stadt» und «Stadt ist für alle da» ist auf einem Plakat in der Herrfurthstraße zu lesen. Vor dem Verteilerkasten, auf dem es klebt, bleibt ein Dackel stehen und bellt. Das ist wohl als Zustimmung zu deuten.

Der Dackel geht dann weiter und hebt sein Bein an einem alten Autoreifen, der flach auf dem Bürgersteig liegt. Ein Stück weiter hebt er wieder sein Bein, diesmal markiert er ein blaues Sofa, das zwischen zwei Bäumen abgestellt wurde. Und hebt schließlich zum dritten Mal sein Bein und macht an den Zaun. In den sind hier an der Oderstraße massive Tore gebaut worden, eins auf Höhe jeder einmündenden Querstraße. Eingänge zum Park, Geschenke für die Anwohner, allerdings mit Stacheldraht-Geschenkband umwickelt. Das Tor Höhe Herrfurthstraße wurde, so sieht es aus, letzte Woche noch einmal nachgerüstet und mit ganz frischem Natodraht geschmückt. Eine Rolle blinkt und glitzert in der Sonne. Angesichts solcher Maßnahmen kann man sich schon fragen: Werden an jedem Zauntor Grenzposten stehen? Gibt es Selbstschußanlagen? Brauchen Berliner einen Passierschein? Wird es einen Zwangsumtausch geben? Baut die landeseigene Grün Berlin GmbH, die den Park betreibt, hier vielleicht die DDR wieder auf, oder soll das ein Freilichtmuseum des Kalten Krieges werden?

In Berlin, die Hoffnung bleibt, sind schon ganz andere Zäune und Mauern gefallen. Man darf also zuversichtlich sein, daß auch dieser eines Tages nicht mehr stehen wird. Widerstand regt sich, die Initiative «Reclaim Tempelhof» hat einen Zaunwettbewerb ausgeschrieben: Wer ihn am schönsten einhäkelt, anmalt oder sonstwie kreativ umgestaltet, der gewinnt den ausgelobten «Goldenen Bolzenschneider». Die Natur beteiligt sich anscheinend auch an diesem Wettbewerb. Auf einem Abschnitt der Straße 465 sind Birken und Ahornbäume durch den Zaun gewachsen und hier und da schon eingewachsen, die höchsten von ihnen wachsen einfach weiter, auch durch den Stacheldraht, der sich oben auf der Zaunkrone rollt. Bald wird hier ein Baumzaun stehen, hinter dem Robinien und andere Pioniergewächse das Feld erobern werden. Gespannt darf man sein, was aus den Samenbomben der Guerillagärtner wachsen wird, die bei dem letztjährigen Versuch, das Flughafengelände zu besetzen, geworfen wurden. Wenn keiner aufpaßt oder nicht bald wieder ein paar Schafherden dort grasen, wird das Tempelhofer Feld in ein paar Jahren zugewachsen sein.

HASENHEIDE

Gute Neuigkeiten aus Neukölln: Es gibt da einen großen, bisher vor allem als Umschlagplatz weicher Drogen bekannten Park, der eigentlich viel schöner ist, als man bisher angenommen hatte. Und um ihn kennenzulernen, muß man sich gar nicht selbst dorthin begeben und hineintrauen, es reicht, ins Kino zu gehen und sich den Dokumentarfilm *Berlin: Hasenheide* von Nana Rebhan anzusehen. Über zwei Jahre hinweg ist die Berliner Regisseurin mit Kamera durch die Hasenheide spaziert – und hat mit ihrem fertigen Film eine neue, sehr bequeme Art der Fortbewegung erfunden: Die Kinosesselwanderung, die einmal quer durch diese heute etwa fünfzig Hektar große Grünfläche zwischen Kreuzberg und Neukölln führt.

Nana Rebhahn hat sich vom schlechten Ruf des Parks nicht abhalten lassen und ist einfach losgegangen, nur von einem Tonmann begleitet. Gedreht wurde mit eigener Ausrüstung, ohne Finanzierung. So filmt sie beispielsweise die Fußballspieler, die sich einmal in der Woche nicht weit von der Stelle treffen, an der Friedrich Ludwig Jahn im Jahre 1811 den ersten Turnplatz Preußens eröffnete. Heute spielen die internationalen, zum größten Teil aus verschiedenen afrikanischen Ländern stammenden Freizeitkicker hier zwischen den aus Mülleimern improvisierten Toren einen sehr athletischen Fußball. Einer von ihnen erzählt, daß es in den endlosen Diskussionen gegen Ende des langen, oft über drei Stunden dauernden Spiels meist nur darum gehe, wer denn nun die schmutzigen Trikots mit nach Hause nehmen und waschen muß.

Wanderpause an der Hasenschänke, dem Bier- und Faßbrausenmekka der Hasenheide, einem Kiosk, der mit seinem flachen, weit auskragenden, geschwungenen Betondach ein wenig an eine italienische Tankstelle der fünfziger Jahre erinnert. Unter ihm können Parkbesucher auch bei Regen trinken. Und natürlich, das ist ein Topos, behauptet auch der Graffitikünstler, mit dem die Regisseurin hier spricht – er hat die Außenwände der Hasenschänke mit psychedelischen, von Heinrich Zille inspirierten Hasen bemalt –, daß Berlin hier noch unverstellter und ehrlicher sei als in den mittlerweile touristisch infizierten Teilen Nordneuköllns.

Die Hasenschenke ist auch Anlaufstelle der Nudisten, die der Film auf einer der nächsten Stationen seiner Wanderung porträtiert. Man glaubt es kaum, aber hier sind erwachsene, gar nicht mehr so junge Männer zu sehen, wie sie riesige, an den Wasserhähnen der Toilettenanlage hinter der Hasenschenke gefüllte Kanister zu ihrem aufblasbaren Planschbekken auf der Nudistenwiese karren. Warum machen die das? Weil man im nahen Columbiabad nicht nackt herumliegen und planschen darf? Weil selbst der ermäßigte Eintrittspreis von zwei Euro fünfzig für den Durchschnittsneuköllner nicht gerade wenig sind? Nana Rebhan setzt sich mit der Kamera in der größten Hitze zu den Herren, die da allein, auf einer Bastmatte philosophierend oder in ihrer Planschgruppe den Tag herumbringen. Sie lauscht ihren Lebensromanen. Und wie kommt eine Regisseurin mit einer Gruppe nackter, mittelalter Männer ins Gespräch? Kaum hatte sie einen Zettel an einen Baum auf der FKK-Wiese gehängt, standen schon interessierte Nudisten um sie herum und boten sich als Protagonisten an.

Hasen gibt es in der Hasenheide, die der Große Kurfürst Friedrich Wilhelm I. im Jahr 1678 für die Hasenjagd einzäunen ließ, nicht mehr. Statt dessen gibt es Kaninchen, Füchse und, man höre und staune, einen halbzahmen Falken. Ein Nachfahre des Raubvogels, mit dem der Große Kurfürst hier auf die Beizjagd ging? Der Film zeigt, wie der Falke sich von einer Gruppe türkischer Männer mit rohem Fleisch füttern läßt. Die älteren Männer treffen sich regelmäßig im Park, um dort auf traditionellen Instrumenten zu musizieren. Nicht weit von dem Baum, in dem der Falke wohnt, haben sie sich ein Freiluftwohnzimmer eingerichtet. Im Gespräch schwelgen sie in Türkeisehnsucht, die aber, das wissen sie, dort, im gelobten Land der Väter, auch nicht zu stillen wäre. Sie wissen schon, eigentlich sind sie in Berlin-Neukölln zu Hause.

Die Hasenheide hat ein Freiluftkino, eine Minigolfanlage, einen Rosengarten, und, großer Treffpunkt, eine Hundewiese. Auf dieser kommt es zum heimlichen Höhepunkt des Films, als sich dort der perfekt getrimmte, schlanke, hochbeinige Barsoi, ein Rassehund mit Stammbaum, der auf den Namen Baya hört (oder eben nicht hört), und Püppi, ein auf der Straße gefundener Mischlingshund, begegnen. Und so, wie die Hunde sich beschnuppern, beschnuppern sich ihre beiden mindestens ebenso verschiedenen Hundehalterinnen. In einem Augenblick von *cinema verité*, wie er nie inszeniert werden könnte, beginnen sie, provoziert von der Kamera, ein zauberhaftes Gespräch. Die Szene endet damit, daß die Dame mit dem Borsoi, die man sich wie eine Thomas-Mann-Figur in einem Disney-Film vorzustellen hat, ihren Hund ermahnt, nicht an allem herumzuschnüffeln, sie meint, das gehöre sich nicht. Wie gut, daß ein junger Migrant sie in perfektem Deutsch darauf hinweist, daß menschliche Verhaltensweisen sich nicht eins zu eins auf Hunde übertragen lassen.

Der Film zeigt, das ist die gute Nachricht aus Neukölln, daß das tägliche Miteinander in Berlin von sehr viel mehr Toleranz geprägt ist, als die Medienerzählung es einen glauben machen will. Ja, es gibt ein funktionierendes soziales Miteinander, und sogar die Dealer sind freundlich und grüßen.

Gegen Ende hat auch der (dank all der Probleme seines Bezirks) bekannteste aller Berliner Bezirksbürgermeister einen kurzen Auftritt. Bei der Grundsteinlegung des Sri-Ganesha-Hindu-Tempels, der in der Hasenheide errichtet wird, läßt Heinz Buschkowsky sich einen Bindi, einen rituellen roten Punkt, auf die Stirn tupfen. Steht ihm eigentlich ganz gut.

WESERSTRASSE

«Wir brauchen mehr Wut», lese ich auf einer Hauswand in der Weserstraße. Kopfsteinpflaster liegt auf der Fahrbahn und kleine, kaum kniehohe Zäunchen schützen Baumscheiben. Sudanesische Spezialitäten könnte ich essen oder mir etwas in dem Bioladen kaufen, über dem, die Leuchtschrift ist wohl von einem Geschäft für Innenausstattung übriggeblieben, «Raumkunst» steht. Ich bin aber schon weiter, ich bewundere die selbstgebastelten Postkarten, die es in der «Galerie + Artshop Projektspace» zu kaufen gibt. Ein Mann posiert mit nacktem Oberkörper und einer Hantel auf einem Balkon, er raucht und schaut unfreundlich in meine Richtung. Wahrscheinlich hält er mich für einen der vielen Touristen, die seinen Kiez zerstören. Ich gehe weiter, vorbei an Möbel & Trödel und der noch geschlossenen Retsina-Kneipe Freies Neukölln. Eine sehr fleckige, aufgeweichte Matratze lehnt an einem Baum, das Tell-Stübchen ist schon geöffnet, und von den wintergrauen Grünflächen vor der Turnhalle der berüchtigten Rütli-Schule leuchtet Müll. Das Gelände, vielleicht hilft ein neuer Name gegen den schlechten Ruf, heißt nun «Campus Rütli». Vor dem Kindl-Eck werden die noch kahlen Bäume geschnitten, es ist ein kalter Tag im Februar. «Dreckige Mauern, billige Miete» hat jemand auf die übernächste Hauswand gesprüht, und um die Ecke lese ich «Brenne, deutsches Vaterland, brenne».

Ich drehe um, biege in die Fuldastraße und freue mich über den Block von Bruno Taut, der sich lang und glatt und weiß und sanft gebogen durch die Ossastraße schwingt. Die gelben Fensterrahmen leuchten, wie der Müll vor der Rütli-Turnhalle. Ein Geschäftsmann kehrt vor seinem Laden, «Masturbate more» fordert ein mit Schablone gesprühtes Graffito eine Ecke weiter, in dem Café neben der Skateanlage am Weichselplatz gibt es neapolitanischen Espresso. Anfang der neunziger Jahre war ich oft hier, eine Freundin wohnte in der Fuldastraße. Weserstraße und Weichselplatz waren damals tote Ecken. Kein Café, keine Bar weit und breit. Kein Freies Neukölln, kein Ä, kein Kunst- und Projektraum, nirgends. Und die Freundin, damals nicht ungewöhnlich, schämte sich immer und nicht wenig dafür, in Neukölln zu wohnen, Kreuzkölln (ein Wort, vor dem sich viele Berliner ekeln) war noch nicht erfunden. Heute schieben junge und nicht so junge Mütter teure Kinderwagen Richtung Spielplatz, der Sandkasten ist gut besucht.

Der Kanal weitet sich zum großen Becken, wäre es Sommer und sehr heiß, ich hätte Lust zu baden. Von der Mauer, die mal auf der anderen Seite des Wassers in Treptow stand, ist nichts mehr zu sehen. Ich gehe am Maybachufer entlang und biege in die Pannierstraße, die nicht nach den Sattelta-schen oder den Weidenkörbchen, sondern nach einem 1897 gestorbenen Präsidenten des Berliner Landgerichts benannt wurde. Die Straße ist so breit, mir wird kalt. Ein ganzes Regiment hätte freie Schußbahn, hier lassen sich nur schwer Barrikaden bauen – aber für Barrikaden reicht die Wut ja nicht. In einem Laden, der sich Kuchenmanufaktur nennt und wie eine Galerie aussieht, gibt es immerhin «Kuchen mit Mission». Im «erotischen tag- und nachtcafé apropos» nebenan wird eine Bardame gesucht. Ein Schild hängt im Fenster, «Bitte im Laden melden» heißt es darauf, sehr hübsch, mit rotem Filzstift gemalt und schwarz unterstrichen. Eine Telefonnummer steht darunter, ich hätte Lust anzurufen.

Die Kunst, Fahrradreifen über Peitschenlaternen zu werfen, wird hier gepflegt, ich sehe, es ist schon zweimal gelungen. Wie viele Versuche dafür wohl nötig waren? In der Kolonie Freie-Stunde gegenüber wird noch nicht, es ist zu früh im Jahr, gegärtnert. Ein 29er kommt mir entgegen, tagsüber fährt der Bus alle fünf Minuten, von hier bis Roseneck. Und ich wundere mich auf einmal, daß diese Linie vom Hermannplatz bis nach Schmargendorf führt. Ob jemand je von hier ausgerechnet dorthin muß?

Ecke Sonnenallee stehe ich vor «Simone's Biergaststätte», null vier Liter Bier kosten nur einen Euro zehn. Ich sehe eine Sportsbar, eine Spielothek und den Snack Al-Hara mit der Libanon-Zeder über dem Eingang. Ich glaube, Al-Hara bedeutet Nachbarschaft, es gibt eine arabische Vorabendserie die so heißt. Einen Augenblick komme ich mir vor wie in Brooklyn, aber das ist ein alberner Gedanke, ich bin nicht in New York, ich bin doch in Neukölln. Ein Bus kommt und hält, ich steige ein. Vielleicht fahre ich bis Roseneck.

GRUNEWALD

Ich will in den Wald und stehe auf dem Schmetterlingsplatz neben der Waldklause, nicht weit vom S-Bahnhof Grunewald. Schilder weisen den Weg Richtung Waldschule und Waldkindergarten. So viel Wald und fast keine Bäume zu sehen, ich höre die Avus rauschen. Immerhin, es riecht nach Harz. Auf dem staubigen Parkplatz liegen frisch eingeschlagene Kiefern.

Ein paar Meter bin ich schon gegangen – die hellgrünen Blätter an den Bäumen sehen frisch aus, als ob sie eben erst aus ihren Knospen gesprungen wären – da schimmert Sacré-Cœur durch die Kronen. Halluziniere ich? Nein, ich bin noch nicht am Montmartre, ich sehe bloß die Reste der Abhöranlagen oben auf dem Teufelsberg. Von dort belauschte der Westen einst den Osten, damals, als noch Kalter Krieg war und West-Berlin ein Vorposten im Gebiet des Warschauer Paktes. Die Radarstation steht, Ironie der Geschichte, auf dem Schutt, den der Krieg davor produziert hat, der Teufelsberg ist ein Trümmerberg. Jedes dritte zerbombte Haus Berlins wurde dort abgeladen, genau über dem Rohbau der Wehrtechnischen Fakultät, einem Welthauptstadt-Germania-Gebäude, das die Kriegs-Universität des Dritten Reiches werden sollte. Die liegt nun unter Trümmern begraben. Ruhe sanft.

Ich verzichte auf die Bergbesteigung, lieber steige ich hinab in die große Grube im Jagen 68. Eine befestigte Treppe mit Baumstammgeländer führt hinunter – unten angelangt, fühle ich mich plötzlich wie auf einem Sandplaneten. Der

Sand, aus dem West-Berlin gebaut ist, wurde hier gefördert. Zu Mauerzeiten war der Weg zu den märkischen Sandgruben versperrt, also wurde hier gegraben. Und was blieb? Ein riesiges Loch im Grunewald, an dessen steilen Abhängen sich Tiere und Pflanzen ansiedelten, die genau diese Bedingungen brauchen. Ein paar Jahre vergingen, und schon war aus der Sandwüste ein Naturschutzgebiet geworden. Doch die Natur ist grausam, sie achtet nicht auf Schutzgebiete: Robinien überwuchern die Böschung. Und da sie andere, schützenswerte Fauna bedrohen, werden sie nun von Naturschützern abgeringelt. Abringeln heißt, einem Baum die Rinde rundherum zu entfernen, er stirbt dann ab. Robinien, sagen Naturschützer, gehören nicht hierher, weil sie aus Nordamerika stammen – ich weiß nicht, das Argument gefällt mir nicht. Stammt der Homo sapiens nicht eigentlich aus Afrika? Gehöre ich vielleicht auch nicht hierher? Müßte nicht auch ich abgeringelt werden?

Sehr feiner Sand liegt unten in der Grube. Feinster märkischer Sand, der jedem Strand der Welt zur Ehre gereichen würde. Der Satz, den Friedrich der Große 1776 an Voltaire schrieb, leuchtet ein wie nie: «Ich gestehe zu, daß, Libyen ausgenommen, wenige Staaten sich rühmen können, es uns an Sand gleich zu thun». Zwei grüngestreifte Eidechsen begrüßen mich, sehr schöne Tiere, sie sehen so aus wie die, die auf den Erläuterungstafeln abgebildet sind. Kurz darauf schlängelt sich eine Ringelnatter vorbei. Ich bin beeindruckt. Eine Schlange. In Berlin. Und doch kommt es mir so vor, als hätte ich, ohne davon zu wissen, einer Vorführung des Naturschutzgebiets beigewohnt.

Wieder oben im Wald, komme ich von der breiten Spazierautobahn ab. Ausgetreten aber sind die Pfade alle. Dies ist, auch wenn hier Wildschweine leben, ein Wald in der

Stadt. Ein Wald, der besser Forst heißen sollte. Schon Friedrich der Große ließ, nachdem er das Problem mit dem Sand in Preußen erkannt hatte, großflächig aufforsten. Deshalb wächst hier auch kein Gehölz jenseits der Geschichte, wie der Waldgänger Ernst Jünger es sich erträumte. Hier herrscht keine Anarchie, hier walten keine Naturkräfte, denen ich mich anschließen könnte. Dies ist ein preußischer Forst, eine menschgemachte Kulturlandschaft, eine gut gelungene Illusion von Natur. Die Waldwege, hier herrscht Ordnung, stoßen rechtwinklig aufeinander und an den Kreuzungen stehen Abteilungssteine mit Weghinweisern. Die Abteilungen heißen Jagen und jeder Jagen hat eine Nummer. Wilder Wald ist anderswo, hier ist jeder Quadratmeter vermessen und verwaltet.

Trotzdem falle ich selbst gern immer wieder auf den Mythos vom Wald als dem Ursprünglichen herein. Diesen Mythos, der sich hartnäckig hält und hält. Manchmal ist der Wald auch mein Sehnsuchtsort, zu dem die deutsche Romantik die seit dem 18. Jahrhundert auf deutschem Boden angelegten Monokulturen der Forstwirtschaft verklärt hat.

Der Grunewald war aber nicht nur Forst, sondern auch Jagdrevier der Hohenzollern. Die schnurgeraden Waldstraßen ermöglichten den königlichen Gesellschaften gefahrlose Jagden. Auf den schmaleren Wegen, auf denen ich nun gehe, sind die Wurzeln von den vielen Sohlen, die da wandern, blank getreten, ja sie glänzen wie die hölzernen Trittflächen frisch gebohnerter Treppenhäuser; Taschentücher und andere Zivilisationsbeweise liegen überall im Gebüsch. Manchmal überraschen sehr alte, knorrige Eichen zwischen den Kiefern, das sind Bäume, die den Beinah-Totalkahlschlag der Nachkriegswinter überstanden haben. Berlin brauchte Feuerholz, also wurde der Grunewald abgeholzt. Und niemand (das kommt einem heute schon fast seltsam vor) kettete sich damals an die Bäume, um sie zu retten. Oder doch? Ein paar uralte stehen ja noch. Ich sehe Baumgerippe, wie gemalt, und komme an Felsbrocken vorbei, Erinnerungen an die Eiszeit, die wie sehr große Briefbeschwerer unter den Wipfeln liegen. Die Gletscher haben sie hiergelassen. Deren Schmelzwasser ist noch nicht ganz versickert, die Gletscherpfützen heißen heute Grunewaldsee, Krumme Lanke und Schlachtensee.

Ja, besonders alt ist die Landschaft nicht. Die Weichseleiszeit hat sie vor gerade zwanzigtausend Jahren geformt und ein für Berliner Verhältnisse recht bewegtes Relief geschaffen. Es geht auf und ab.

Und, lauern hier vielleicht Banditen? Haust hier ein Räuberpack? Müssen hier während des letzten Krieges nicht Schätze vergraben worden sein? Reichtümer aus Grunewaldvillen? Liegt hier vielleicht noch ein Depot, ein Erdbunker der RAF? Mit Waffen und Blankopässen und Banknotenbündeln, die heute wahrscheinlich kein gültiges Zahlungsmittel mehr sind? Als Kind traf ich in Wannsee einmal einen Jungen, der auf dem Gepäckträger seines Fahrrads einen verrosteten Wehrmachtskarabiner mit verbogenem Lauf spazierenfuhr. Hatte er, wie er sagte, im Grunewald entdeckt. Ich bewunderte und beneidete ihn für seinen Fund.

Die Havel glitzert durch das Grün, ich sehe ein paar Segel auf dem Wasser, zu weit entfernt, um den Bootstyp zu erkennen. Ich klettere auf einen nicht sehr hohen Hochsitz, schaue in einen Hohlweg, beobachte zwei kopulierende Fliegen, verfolge den Weg einer Raupe, sehe sehr kleine, fast durchsichtige Tierchen und wünschte, ich hätte Ahnung von Insekten. Ich suche Sonne, finde eine Lichtung und setze mich auf eine umgestürzte Kiefer. Ganz allein bin ich nicht, große Waldameisen eilen über den nackten Stamm. Im Gras krabbelt ein großer, schwarz-metallisch glänzender Käfer. Er schiebt sich sehr behäbig vorwärts, zu langsam, um die Bewegung *krabbeln* nennen zu können. Eine dicke Hummel kommt herangeflogen, ich sehe ein Eichhörnchen, wieder eine Eidechse und Schmetterlinge, die paarweise über der Wiese flattern. Wie still es ist. Wie leise. Kein Wildschwein ist zu hören.

Sehr grün sind die Blätter und sehr blau der Himmel, dazwischen stehen – das sind die vertikalen Weiß-Elemente dieses großen, abstrakten Gemäldes – die Stämme der Birken. In der Sonne wird mir fast zu warm. Ich lege mich in den Schatten, ins Moos, Falter fliegen auf mich zu, kreisen um meinen Kopf und biegen immer kurz vor meiner Nase ab. Ich mache nichts, ich bin nur da, irgendwo im Wald. Kann ich hier liegen, bis Gras über mich wächst?

Ich schlafe ein und wache auf, als eine dicke Fliege auf meinem Unterarm landet. Ich gehe weiter, tiefer in den Wald hinein. Wenigstens bilde ich mir ein, tiefer in den Wald hineinzugehen, dabei weiß ich natürlich, daß es hier keinen tiefen Wald gibt. Ich komme an kein Knusperhäuschen, sondern an einen zurückgebauten, überwucherten Schießübungsplatz. Nahe der südlichen Avus-Kurve lag Keerans Range, amerikanische Besatzungssoldaten durften hier herumballern, manchmal flog ein Geschoß auch bis zum Strandbad Wannsee. Ein Munitionsdepot mit dem schönen Namen *Dachsberg Area* befand sich in der Nähe. In dem Buch *Berlin Transit* von Gert und Gundel Mattenklott aus dem Jahr 1987 gibt es ein im Grunewald aufgenommenes Foto, es zeigt ein Verkehrsschild mit der Aufschrift *No track vehicles*, darunter ist ein Panzer in einem roten Kreis abgebildet. Neun Einschußlöcher hat das Blech. Solche Schilder stehen heute nicht mehr an den Wegen.

Das ewige Avusrauschen verrät die Richtung zum Kronprinzessinnenweg. Auf seinem glatten Asphalt begegne ich auch wieder Menschen. Sie bewegen sich auf Rennrädern oder Rollerblades, mit meinen ganz gewöhnlichen Füßen unten an den Beinen komme ich mir plötzlich altmodisch, ja, so ganz ohne Freizeit-Prothesen unter mir, für einen Moment sogar ein bißchen minderwertig vor. Ich unterquere die Avus und die Wetzlarer Bahn, die auch mal Kanonenbahn hieß, und entdecke in der Unterführung sehr hübsche Steinmetzarbeiten, kleine Reliefs, die Tierfiguren zeigen. Auf der anderen Seite geht es weiter geradeaus durch den Wald. Hunderte, nein, Tausende von kleinen Raupen lassen sich an Fäden von den Bäumen herab, ich marschiere durch einen Seidenfadenwald, bleibe aber, habe ich ein Glück, nicht kleben. Ich schwenke zum Schlachtensee hinüber und bin wieder auf vertrautem, von der Eiszeit so wohlgefällig geformtem Spaziergebiet. Ich drehe die halbe Runde am Wasser, wie immer gegen den Uhrzeigersinn, und trinke an dem Kiosk am S-Bahnhof eine Tasse Kaffee. Unter den alten Kastanien versuche ich mich zu erinnern, wie ich gegangen bin – ich habe vergessen, mein Telefon die Route aufzeichnen zu lassen. Ich steige in die S-Bahn, fahre bis Anhalter Bahnhof und gehe, ich habe noch nicht genug, in den Martin-Gropius-Bau. Mich lockt die Olafur-Eliasson-Ausstellung. Sie lockt nicht nur mich, heute ist es rummelplatzvoll. Ich dränge mich durch Spiegelzelte und in eine abgedunkelte Kunstnebelkammer hinein, ach ja, so war es in der Disco, als ich ein Teenager war. Mitten im Kunstnebeldunst steht plötzlich eine alte Bekannte vor mir. Wir sind uns lange nicht begegnet, mindestens sieben Jahre nicht. Und mir fällt gleich ein, daß ich früher, wir haben zusammen studiert, in sie verliebt gewesen bin. Ich wäre ihr lieber im Wald begegnet, der höher, heller und aufregender als die Spiegel- und Kunstnebelkammern war – aber vielleicht ist es unfair, die Kunst hier mit der Natur dort zu vergleichen, die ja eigentlich auch keine Natur im eigentlichen Sinne mehr ist, sondern eher eine kulturell überhöhte forstwirtschaftliche Inszenierung.

Mehr als die Versuche, Raumerlebnisse zu schaffen, gefallen mir in der Ausstellung die Schweinebäuche, die Gehwegplatten aus Granit, mit denen Eliasson einen Berliner Bürgersteig nachbaut. Und mir gefallen die Fahrräder mit den Spiegelrädern, die er über die Stadt verteilt, eines von ihnen sehe ich zwei Tage später Kopenhagener Ecke Schwedter Straße. Es gefällt mir so gut, daß ich kurz in Versuchung gerate, es zu stehlen.

Draußen auf der Straße, ich bin schon ein bißchen gegangen, fällt mir auf, daß das Unterholz in der Stadt viel dichter ist. Die große Stadt ist der tiefste Wald, voller Zeichen und Wunder und bunter, verführerischer Hexenhäuschen. Hier stehen sie, eins am andern. Ich möchte eigentlich an allen knabbern.

In der Nacht in meinem Bett in der Stadt, das Licht ist aus, denke ich an die Waldrastplätze. Wie das Mondlicht da jetzt fällt? Welches Tier sich übers Moos bewegt? Was krabbelt wo, was machen wohl die Wildschweine? Und die kleinen Raupen? Wo schlafen die?

CODA Drei Tage später bin ich wieder im Jagen 68, diesmal zu dritt, wir sind mit den Rädern gekommen. Das Kind wälzt sich die Düne hinunter, fehlt nur das Meer. Wunderbar geborgen sitzen wir in der weiten weiten Grube, wir essen Brot und Birnen und kalte Pizza, am Himmel ein Kreuz aus Kondensstreifen. Wir fahren weiter auf und ab durch den Wald, heute ist Sonntag, und es ist viel voller als unter der Woche.

Wir rollen am Teufelssee vorbei, singen *Bolle reiste jüngst zu Pfingsten*, schieben die Räder zum Grunewaldturm hinauf und setzen uns in den Biergarten. Eine Coverband spielt Rock-Standards, heiß ist es in der Sonne. Wir trinken Kaffee und Apfelsaft, das Kind ißt Eis. Wir fahren die Havelchaussee hinunter, halten an einer Bucht, setzen uns zwischen Büschen ans Wasser, und natürlich will das Kind hinein – ich gehe also mit der Tochter schwimmen. Vor Heckeshorn ist eine Optimistenregatta zu sehen, und ich erinnere mich, das ich da auch mal gesegelt habe, mit meinem Bruder, die Bojen mit der Aufschrift *Halt hier Zonengrenze* lagen noch in der Havel. Von der Sonne getrocknet, fahren wir bald quer durch den Wald, unter der Avus und der Stadtbahn hindurch bis zur Fischerhütte am Schlachtensee. Wieder sitzen wir am Wasser, wir essen – ist das mehr ein Freß- als ein Fahrradausflug? – Bratwürste, Kartoffelsalat und Maiskolben. Sind ein bißchen erschöpft. Immer noch scheint die Sonne, Stechmücken sind auch schon da.

WESTALGIE

Wir sind an der Ewigen Flamme auf dem Theodor-Heuss-Platz verabredet, dem Platz, der anfangs Reichskanzler-, dann Adolf-Hitler-Platz hieß. Namen hat er schon einige gehabt, dabei ist er gar nicht so alt. Vor dem Ersten Weltkrieg gab es nur einen unbebauten Schmuckplatz über einem neuen U-Bahnhof, Neu-Westend kam später. Viel später, erst 1970 kam das Fernsehzentrum des SFB, und immer wenn ich es sehe, frage ich mich, ob der Schreibtisch der Intendantin dort ganz oben in dem kanzelartigen Dachaufbau steht. Mit seinen achtzehn Stockwerken ragt das Gebäude über die Stadt, ist allerdings nicht ganz so schön wie das Haus des Rundfunks, das vierzig Jahre zuvor an die Masurenallee gebaut wurde. Heute leuchtet das verunglückte Kleinbuchstaben-Logo des rbb von der Fassade des Fernsehzentrums, es leuchtet auch auf die gutbesuchte Toilettenanlage in den Grünanlagen und auf den steinernen Block, aus dem die Ewige Flamme lodert. Ich lese die Inschrift und wundere mich, daß die Mahnung nicht den Weltkriegstoten, sondern den Vertriebenen gilt. R. kommt mit Hut aus der U-Bahn, das heißt wohl, es wird bald wieder Winter. Wir spazieren den Kaiserdamm hinunter, in die Stadt hinein, folgen dem sanften Gefälle ins Urstromtal. Bis vor hundert Jahren gab es hier nur einen unbefestigten Sandweg, Kaiser Wilhelm II. wünschte sich eine Verlängerung der Bismarckstraße und bekam seinen fünfzig Meter breiten Damm. R. weiß, daß diese Straße für nicht einmal ein Jahr, von April 1967 bis Januar 1968, Adenauerdamm hieß, dann aber, erfolgreicher Bürgerprotest, in Kaiserdamm zurückbenannt wurde. Nach Adenauer, in Berlin nie sonderlich beliebt, wurden erst 1973 eine Ku'dammkreuzung und der darunter neu errichtete U-Bahnhof benannt.

R. weiß auch, daß das Apartmenthaus an der Ecke Königin-Elisabeth-Straße – es sieht aus wie letztes Jahr entworfen und gestern gebaut – dort schon seit 1929 steht. Hans Scharoun war daran beteiligt, zehn Jahre bevor Albert Speer den Kaiserdamm zu einem Abschnitt der Ost-West-Achse machte und mit seinen Protzleuchtern (sie werden gern Kandelaber genannt) schmückte. Wir wundern uns über einen Wannenbalkon an einem Altneubau, der ein Stück weiter fast auf Straßenniveau liegt und gar nicht zur Germaniamöblierung paßt. Wir könnten über die Brüstung klettern und uns auf seinen Plastiksesseln niederlassen. Fast am Sophie-Charlotte-Platz versetzt ein wuchtiger Bau mit gewaltigem Rustikageschoß uns nach Florenz. Es ist das ehemalige Polizeipräsidium von Charlottenburg. Hinter der Kreuzung mit der Wilmersdorfer Straße steht an der Bismarckstraße ein reines Beispiel nationalsozialistischer Baukunst, heute befindet sich in dem Gebäude das Finanzamt Charlottenburg. Der Adler im Portikus sitzt auf einem runden Emaille-Schild mit der Hausnummer 48, und wir fragen uns natürlich, ob das Hakenkreuz darunter abgeschlagen wurde oder nur verdeckt ist. Die schöne Fassade der Deutschen Oper ein paar Schritte weiter, Fritz Bornemanns Meisterwerk der sechziger Jahre, ist mit einem Goldpaillettennetz verhängt. Gilt das der kommenden Weihnachtszeit? Die Kiesel im Waschbeton sind, schade, nicht zu sehen. Wir sprechen nicht über Benno Ohnesorg, der hier in der Krummen Straße verblutete, nein, heute nicht, sondern überqueren die Straße und den unscheinbaren Shakespeare-Platz, über den wir lachen müssen, weil die Shakespeare-Bronze so sehr fremdelt zwischen den hohen Apartmenthäusern, die weit über die Traufhöhe und aus der Fluchtlinie der Achse ragen. Wir biegen in die Pestalozzistraße und bleiben vor jedem Antiquariat stehen, auch das mit der Dante-Büste gibt es noch, seit Jahren schon schaut sie dort aus dem Fenster. Einige Läden sind neu, andere verschwunden. Wir setzen uns ins Café Savigny, an den Tischen um uns herum nur Menschen, die in Zeitschriften blättern oder telefonieren. Nach einem Bier stehen wir auf und gehen wieder, am Restaurant Florian und am Zwiebelfisch vorbei, ab und an ist auf den Bürgersteigen nun Russisch zu hören, wir gehen über die Kantstraße, an allen Schaufenstern des Bücherbogens vorbei, unter der S-Bahn hindurch, durch die Knesebeckstraße bis zum Ku'damm, dann links Richtung Wittenbergplatz. Wir zeigen uns all die Häuser, in denen bis vor ein paar Jahren Kinos waren. R. will noch einen Kaffee trinken, also setzen wir uns, ich erinnere mich nicht, je dort gewesen zu sein, ins Mövenpick im Europa-Center. Um uns glückliche Rentner und ein paar Touristen. Von dem Tisch im ersten Stock haben wir einen schönen Blick auf den vorweihnachtlich budenverbauten Breitscheidplatz, der Wasserklops von Joachim Schmettau (eigentlich heißt das Ding ja Erdkugelbrunnen) versteckt sich unter einer weißen Plane. So verpackt sieht er aus wie eine der Kuppeln der Radarstation auf dem Teufelsberg. Werden von dort unten vielleicht alle Gespräche der Stadt abgehört? Was hätten die Horcher heute erlauscht? Mir fällt ein, sanft plätschert der Lotusbrunnen, daß ich mit meiner Mutter im Europa-Center war, 1982 muß das gewesen sein. Elf Jahre alt, habe ich über die Wasseruhr gestaunt, war überhaupt tief beeindruckt und habe gedacht, das Europa-Center wäre ein Hochhaus. Was heute wie ein Shoppingmall-Museum wirkt, war damals das Wahrzeichen der Stadt – zumindest ihrer westlichen Hälfte.

Der Kalte Krieg ist vorbei, die Mauer ist gefallen, und wir sitzen hier ganz entspannt in leichter Westalgie. Wir können das Gebäude nun sentimentalisieren und müssen uns nach keinem verpaßten Vorkriegsberlin mehr sehnen – hier, ungefähr da, wo wir sitzen, soll ja mal das große, vielgerühmte Romanische Café gewesen sein. Statt dessen könnten wir nun dem Vorwende-Berlin, der glücklichen, versunkenen Insel West-Berlin hinterhertrauern, meint R.

Tun wir aber nicht.

MAHNMAL

Man traut es sich fast nicht, zu sagen: Es ist schön geworden. Peter Eisenmans «Denkmal für die ermordeten Juden Europas» beeindruckt, ohne einzuschüchtern. Aus dem Feld der Stelen ragt kein großer mahnender Zeigefinger. Die Anlage in Sichtweite des Reichstags ist schlicht und imposant. Und obgleich sie sich über eine Fläche von fast zwei Fußballfeldern erstreckt, trumpft sie nicht mit ihrer Größe auf.

Die Stelen sind fünfundneunzig Zentimeter breit und zwei Meter achtunddreißig lang. Die niedrigsten liegen als flache Bodenplatten im Pflaster der angrenzenden Bürgersteige. Es gibt keinen Zaun, das Gelände wird rund um die Uhr zugänglich sein. Das Denkmal ist ein öffentlicher Ort.

Am Rand wirken die Quader noch wie Grabplatten und Sarkophage, auf denen Besucher auch sitzen können. Tiefer hinein verändert sich der Eindruck: die lichte Breite von knapp einem Meter wird zwischen den bis zu vier Meter siebzig aufragenden Blöcken zu einer schmalen Gasse. Es geht auf und ab durch einen Stelenwald, schattige und sonnige Wege kreuzen sich. Und es bleibt nicht aus, man fühlt sich allein, dieser Steinirrgarten erzeugt ein seltsam unbekanntes Raumgefühl.

Sehr glatt und scharfkantig stehen sie da, die Stelen aus grauem Beton, manche unmerklich, andere stärker geneigt. Bedrohlich wirken sie nicht. Ihre Glätte macht sie zu sympathischen Riesen. Sie zu berühren ist erlaubt.

Insgesamt sind es 2711, auf deren Oberfläche, so war das gestern nach einem Regenguß, die Tropfen in der Sonne glitzern. Einen Augenblick lang wirkt es, als sei das Wasser auf dem Stein zu Eis gefroren, weil der Stein nicht wirklich naß wird, sondern die Flüssigkeit abperlen läßt. Selbst auf den senkrechten Flächen hängen Tröpfchen wie Morgentau.

Verborgen unter dem Stelenfeld liegt der «Ort der Information». Vier schlichte, fast kahle Räume mit Bildern der ausgelöschten Familie Dreifuss aus Baden und der Familie Hofman aus Frankreich, man erfährt vom Tod der zehnjährigen Gele Waintraub in Treblinka, die mit Motorabgasen vergiftet wurde, und es gibt den Brief eines zwölfjährigen Mädchens, das an seinen Vater schreibt: «Lieber Vater, vor dem Tod nehme ich Abschied von dir. Wir möchten so gern leben, doch man läßt uns nicht, wir werden umkommen. Auf Wiedersehen für immer. Ich küsse dich. Deine Judith.»

Die Stimme dieses Mädchens, das solche Angst vor dem Tod hatte, weil es wußte, daß Kinder lebend in die Grube geworfen werden, nimmt der Besucher wieder mit hinauf ans Tageslicht, in den Stelenwald, der für seine Wirkung gar keine symbolische Überfrachtung braucht. Da stehen Steine, die erinnern. Und zwischen ihnen stößt man auf den Schmerz und vielleicht eben auch auf die Scham über all unsere deutschen Verbrechen. Und vielleicht kann man sich bei einem Blick auf die umliegenden protzigen Landesvertretungen, die Türme des Potsdamer Platzes und die Rückseite des Hotels Adlon fragen, ob all dieser Neuberliner Nachwendeprunk nicht auch auf den Leichen errichtet wurde, an die hier erinnert wird. Die Worte, die unbekannte Stimme des ermordeten zwölfjährigen Mädchens hat man dabei, wenn man das Denkmal verläßt.

SCHILLER AM PARISER PLATZ

Großer Auftrieb im Neubau der Akademie der Künste am Pariser Platz. Der Berliner kommt kucken («Ist das jetzt der neue U-Bahnhof?») und hört vielleicht auch zu, hundertelf mal Schillersenf, vierundzwanzig Stunden lang. Von Samstag zwölf Uhr mittags bis Sonntag, gleiche Zeit. Vom Prolog zu *Wallenstein* bis zur *Ode an die Freude*. Vor dem eigentlichen Lesesaal immer Schlangen, doch Schiller ist im ganzen Haus zu hören, über alle Häkelhauben und Pelzmützchen hinweg. Um Viertel nach fünf, die Bundesligaschlußkonferenz geht zu Ende, liegt der Altersdurchschnitt bei etwa siebenundfünfzig, weibliches Publikum überwiegt. Ein Martin-Walser-Doppelgänger putzt sich die Nase, ein Kind wirft seine Nuckelflasche aus dem Wagen, während Otto Schily denen, die ihm folgen können, mit seinem schnarrenden Nasal im Oberlehrerton Schillers Kant-Paraphrase über das Erhabene darlegt: «Das Gefühl des Erhabenen ist ein gemischtes». Ach, wie wahr. «Gemischte Gefühle auch hier, bei mir, in meiner Brust», sagt mein Nachbar, seine Pathosallergie bricht aus, aber da geht Schilys Schillerbellen schon zu Ende.

Ist Schiller ein der SPD nahestehender Dichter? Ist das hier vielleicht eine Lesung zu Ehren des ehemaligen SPD-Wirtschaftsministers Karl Schiller? Bis auf Richard von Weizsäcker, den man vor Jahrzehnten, vor seiner alldeutschen Heiligsprechung, noch mit der CDU in Verbindung bringen konnte, treten keine Oppositionspolitiker auf. «Vielleicht», sagt mein Nachbar, «halten nur Sozialdemokraten Schillers Humorlosigkeit aus.»

Die ursprüngliche Idee sei aus Spanien geklaut, verrät eine Frau von der veranstaltenden Agentur, die nach dem wunderbaren Trash-Science-fiction-Film Barbarella Entertainment heißt. In Spanien hat man vierundvierzig Stunden lang *Don Quichote* vorgelesen und live übertragen. «Da gab es wenigstens hin und wieder lustige Stellen», sagt mein Nachbar, «uns hingegen hat der Literaturgott mit Schiller bestraft.»

Zwischen den klappernden Tellern wird die Hochleistungslesung zum Schillersäuseln, zur Schillermuzak. Schön, sich zu sehen. Sinn des Hierseins ist unter anderem, sich gegenseitig zu fotografieren oder Gummibaguettes zu kaufen und dann lieber doch nicht zu essen. «Lesungen sind aushaltbar, wenn man rauchen und dabei trinken kann», sagt mein Nachbar, Streuselkuchen essend. Es gibt keine Schillerlocken am Buffet. Wir starren auf den Monitor und freuen uns über die von der Bildregie gefundenen gut geschminkten, das Kameralicht aushaltenden Gesichter, die sich in all ihrer deutschen Tiefe bewegt zeigen und dies mit der entsprechenden Verständnisgymnastik beweisen. In den dazwischengeschnittenen Panoramaschwenks über den Pariser Platz wird peinlich genau darauf geachtet, daß der Bauschuttcontainer und die beiden Chemie-Toiletten, die gleich unter den Fenstern der Suiten im Adlon stehen, nicht ins Bild geraten.

Erster Höhepunkt nach sieben Stunden, Roman Trekel singt das langgezogene «Ewigkeit» aus Franz Schuberts *Gruppe aus Tartarus*. Und ich komme für mich zu dem Schluß, daß Schillergedichte – ich höre Beethoven, höre Schumanns *Der Handschuh* – überhaupt nur in Vertonungen aushaltbar sind.

Über dem Glasdach des Neubaus sammeln sich derweil die Krähen, kaum jemand legt Schal und Mantel ab, das Foyer ist kühl. Schillerverzweiflung macht sich breit, als zwei Kabarettisten sich an Schiller versuchen. «Wir sind alle Astronauten des Raumschiff Erde», lese ich auf einem langen, sich als Fußballschal tarnenden Intellektuellenschal. Rucksackträger schieben sich die Treppe hinauf, Pelzmäntel kommen herein. Die Kunst der Berliner Gesellschaft, Samstag, kurz nach halb neun Uhr abends. Schillerinteressierte tragen gedeckte Farben, weiße Haare und Plastiktüten der Bundeskulturstiftung und eilen nun zu *Maria Stuart*: Nina Hoss und Corinna Harfouch rezitieren. *Maria Stuart* dauert nur noch sechs Minuten, geht also noch schneller vorbei als in einer Inszenierung von Michael Thalheimer. «Und das Wichtigste hat man gehört», sagt mein Nachbar, dem zum totalen Schillerglück nur noch die Klingeltonwerbung zwischen den Schillerclips fehlt.

«Ich bin hier, um Köpfe zu holen», sagt ein Fotograf, sein Kollege fängt an, die Schillerbarbarellas («Du mußt nur mal lächeln») zu fotografieren. Die Schauspielerinnen, die sich vor den wackligen Karton mit den Logos der Veranstalter stellen müssen, wissen das.

Eine Putzkraft in einem pistazienfarbenen Kittel und mit einer mülltütenblauen Mülltüte in der Hand bewegt sich umsichtig und anmutig durch die schillererfüllten Räume, sammelt leere Becher und Papierservietten auf. Ein Ernst-Jünger-Double verläßt die Akademie, ein Mann in Kulturschwarz und mit Daniel-Libeskind-Brille auf der Nase, der tatsächlich Daniel Libeskind sein könnte, betrachtet den Bau. Buttons, lerne ich vom jungen Matthias Schweighöfer, eben noch in *Napola*, demnächst als Fernsehschiller zu sehen, sind wieder in. Auf seinem, er trägt ihn an seinem schwarzen Rebellenjackett, das ein großes, wahrscheinlich eben vor dem Auftritt hineingeschnittenes Loch unter der linken Achsel hat, steht «Junge Helden».

«Es gilt, den toten Punkt zu überwinden», sagt der Kopfjäger, der heute schon mehr als dreihundert Köpfe fotografiert hat. «Die Reihung der toten Punkte», sagt seine Kollegin, die auf die schönen Fernsehfrauen wartet. Esther Schweins zum Beispiel. Sie hat eine schöne Stimme. Schiller spricht durch sie über Anmut und Grazie, sie selbst trägt dabei über ihrem Handrücken diagonal geschnittene Handgelenkstulpen. Blinzelt sie mich nicht gerade an? Klimpern ihre Augenlider nicht in meine Richtung?

Und ich im Schillerrausch. Ich höre nicht mehr so recht auf die kritischen Fragen, die mein Nachbar mir stellt. Ob es sich bei dieser Veranstaltung nicht nur um eine große, von der Bundeskulturstiftung bezahlte Arbeitsbeschaffungsmaßnahme handele? Ob ein esoterischer, gebührenfinanzierter Randgruppenfernsehkanal sich hier nicht Programminhalte finanzieren lasse? Wer hier eigentlich für wen werbe? Otto Schily für das Erhabene? Jürgen Trittin für den Wald um den Vierwaldstätter See? Eine Kulturstaatsministerin für sich selbst? Ob das die berühmte Bundeskultur sein solle? Ob hier nicht, ob ich das nicht riechen würde, irgendwo doch ein paar wurmstichige Äpfel herumlägen? Schiller soll die doch immer in seiner Schreibtischschublade gehabt haben, weil der Duft des Verfaulenden so inspiriere.

Ich höre nicht mehr zu. Ich schaue das neue Publikum an, das gekommen ist, um Bela B. von den Ärzten die *Beobachtungen bei der Leichenöffnung des Eleve Hillers* lesen zu hören. Oder die Hälfte des Jeans Teams sehen will. Oder das bewährte Hammond Inferno. Der Altersdurchschnitt ist auf Ende Dreißig gesunken.

Oben, im vierten Stock, im Prominentenhimmel, im Schillerhauptquartier, auf der Kommandobrücke des Barbarella-Raumschiffs, da, wo hoch über dem Pariser Platz die große Schillerorgie stattfinden könnte, sitzt Sophie Rois an der Bar, der Tatort-Kommissar raucht seine Feierabendzigarre, und die Kulturstaatsministerin sitzt zwischen ihrem Hofstaat auf einem schwarzen Bauhaus-Sofa. Die berühmte *Shrek*-Synchronsprecherin Schweins lehnt sich ans Fenster. Hinter ihr auf der Terrasse stehen fünf Lichtkanonen und strahlen mit je viertausend Watt auf den Angeberplatz vor dem Haus.

Irgendwann in der Nacht, ich bin eingeschlummert, träume ich, die großen Glastüren würden nun verriegelt und versiegelt, und das neue Haus würde nun für ein Jahr, das ganze Schillerjahr hindurch, zum Schillercontainer, mit den schönen Schauspielern oben in der Lounge und dem gemeinen Schillervolk unten in den Massenschlafsälen auf den zweihundert Feldbetten, die gegen fünf Uhr morgens tatsächlich aufgeschlagen werden. Ich träume von Big Schiller, ein Jahr live auf dem Theaterkanal. Als ich aufwache, liege ich zum Glück, ich weiß nicht mehr, wie ich der Schillerhölle entkommen konnte, nicht auf einem der Feldbetten, sondern in meinem eigenen. Ach, gerettet. Nie wieder Schiller.

STADTMÖBEL

CITY-TOILETTE Sonntagmorgen, kurz nach zehn, stehen wir plötzlich, wir wissen nicht mehr, wie wir dorthin gekommen sind, auf dem Kurt-Schumacher-Platz. Noch hat niemand die roten Sonnenschirme vor dem Burger King ausgeklappt. Wir sehen einen riesigen Betonwürfel, Kantenlänge knapp drei Meter, der an zwei Seiten sonderbar wulstig geformte, gleichfalls rote Metallapplikationen trägt. Uns ist kalt, und M. hat Hunger. Wir betreten den Burger King, holen uns etwas zu essen, setzen uns ans Fenster, schauen auf den Betonkubus und überlegen. Ist es vielleicht eine Lüftungshutze der U-Bahn? Das nubbelige, rote Metall kann jedoch keine Funktion haben. Es muß sich um Kunst handeln, meint M., obgleich der Würfel alles andere als interesseloses Wohlgefallen in uns hervorruft. Beton-Fertigelemente fassen ein Rasenstück ein, auf dem heute morgen nur wenig Müll liegt. Eine City-Toilette steht vor der weitgeöffneten Tür des Internet-Spielcafés. So eine öffentliche Toilette (das ist M.s Theorie) ist der öffentliche Raum an sich. Nach einer halben Stunde öffnet die Schiebetür sich automatisch, und die Privatisierung des Individuums hat ein Ende. Der Entwurf mit den in poliertem Granit gefaßten Seitenwänden muß aus den frühen neunziger Jahren stammen, seine Beschriftung «CITY TOILETTE» trägt das Bauwerkchen in Großbuchstaben mit Serifen. Eine fast römische Beschriftung, so M., und, wie es mal Mode war, ohne Bindestrich.

Wo liegt eigentlich der Kurt-Schumacher-Platz, fragen wir uns. Ist das die große Kreuzung, auf der sich die linksabbiegenden Autos und Busse gegenüberstehen? Ist es die kleine Wiese hinter dem Plastikzelt, in dem eine Vietnamesin heute Blumen verkauft? Oder liegt der Platz unter der mit Efeu und wildem Wein überwucherten Pergola, einer Art Blumen-draht-Agora, gleich neben der Haltestelle, an der die Busse zum Flughafen Tegel abfahren? Wir schauen auf einen seltsa-men Ort, M. ißt einen Cheeseburger, ich esse Angry Onions. Und das nur, weil der Name mir so gut gefällt.

Später, draußen, stehen wir vor einem Brunnen, der al-les tut, um nicht als Brunnen erkannt zu werden. Zwischen vier eckigen Säulen befindet sich ein flaches, traurig vermoo-stes Wasserbecken, in dem Zigarettenkippen und zwei leere Kaffeebecher schwimmen. Wir ziehen die Köpfe ein, als ein Flugzeug wieder so tief über uns hinwegfliegt, daß ich glaube, das Fahrwerk mit ausgestreckter Hand berühren zu können. Hinter der City-Toilette sehe ich dann, daß ganz versteckt zwischen dem roten Metallgeschwür des unförmigen Beton-kubus eine Bronzeplatte mit dem Profil Kurt Schumachers hängt. Ach so.

PFLASTERSTREIFEN Als ich die Bernauer Straße auf ihrem neuen, glatten Asphalt hinunterfahre, fällt mir auf, daß die Ampeln nun an quer über die Straße gespannten Drahtseilen hängen. So, wie man es aus Amerika kennt. Im Wind schau-keln sie sanft hin und her; weht der Wind stärker, schaukeln sie weniger sanft. Nachdem ich das Auto geparkt habe, warte ich an der Fußgängerampel auf dem weißen Blindenpflaster-streifen auf Grün. Wie an fast jeder Berliner Ampel soll die Riffeloberfläche des Spezialpflastersteins mich durch meine Schuhsohlen spüren lassen, daß sich hier ein Fußgänger-überweg befindet. Leider jedoch ist dieser Spezialpflasterstein hier, wie fast überall, schon zerbröselt. Ich spüre die Riffelung nicht. Ich spüre nur, daß das Pflaster kaputt ist.

Auf der anderen Straßenseite stoße ich auf ein Teilstück verwilderten Mauerstreifens. Jemand hat ein Fahrradschloß an einen Absperrzaun angeschlossen und vergessen. Am Laternenpfahl daneben stolpere ich über ein Fahrradskelett. Wie abgenagt liegt es am Boden, nur ein Rahmen. Nichts mehr dran. Als ob ein großes, hungriges Raubtier ihm alle Weichteile abgekaut hätte.

STRASSENMÖBEL Am Ernst-Reuter-Platz fällt Ecke Schillerstraße eine alte Taxirufsäule auf. Sie ist da wohl einfach stehengeblieben. Sonst sind die nur noch in Bilderbüchern zu sehen, deren Illustrationen aus den sechziger oder siebziger Jahren stammen, pastellgrün und oben mit Hut. In solchen Büchern finden sich auch Telefonzellen. Telefonzellen sind auch auf Berliner Straßen selten geworden. In der Schwedter Straße steht noch eine, sie stammt jedoch schon aus der Magenta-Zeit. Fast jeden Tag komme ich an ihr vorbei, doch noch nie habe ich dort jemanden telefonieren sehen. Und wenn, ich fände es wahrscheinlich verdächtig. Rufen nicht Erpresser immer von öffentlichen Fernsprechern an?

Die neueren Telefonsäulen der Telekom kommen, sparsam wie die Ampeln, die an Drähten baumeln, mit viel weniger Material aus als die alten Zellen. Ein Edelstahlpfahl und ein Telefon, manchmal hängt links oder rechts noch eine halbe Glasscheibe. Gegen Zugluft? Aus Schallschutzgründen? Die halbe Glasscheibe verstehe ich nicht. Wer da telefoniert, steht draußen. Keine Kabine, keine Tür, keine Telefonbücher. Stattdessen, und das war noch vor ein paar Jahren unvorstellbar, ein metallgerahmter Flachbildschirm.

Diese Telefone, diese Kommunikationstotempfähle mit Magentakappe können natürlich viel mehr als nur telefonieren. Bloß dieses Magenta, diese schreckliche Farbe, deren Namen früher, bevor sie die Farbe der Telekom wurde, kaum jemand kannte, nervt. Immer noch.

HALTESTELLE Trambahnhaltestellen sind nur noch für ihre beleuchtete Werbung da. Wartehäuschen sind keine Schutzhütten mehr, sie sind Vitrinen für Plakate. Haltestellen wie die an der Eberswalder Straße zeigen auf einem Display unter ihrem Flachdach Uhrzeit, Temperatur, Wochentag und kurze Nachrichten in Laufschrift, eine weitere elektronische Anzeige informiert über verbleibende Wartezeiten. Ganz anders als in den aus Fertigbetonteilen zusammengefügten Haltestellen, die im Berliner Umland auf Bahnsteigen stehen. Dort tragen die Sitzflächen der Bänke all die Muster und Verzierungen, die mit brennenden Zigaretten und Taschenmessern angebracht werden können. Und auf ihren vollgekrakelten Wänden schwören sich Generationen von Schülern ewige Liebe, die drei Tage später wieder durchgestrichen wird. Die Glashaltestelle von heute bleibt jedoch auch nicht lange unbeschriftet. Wo, weil hinter Glas geschützt, die Fläche zum Kritzeln fehlt, wird ein «Hallo, ich war da» in die Scheibe geritzt oder gescratcht, hin und wieder (und das sorgt dann für große Aufregung), auch geätzt, mit Flußsäure, die in Filzstifte gefüllt wurde. «Werben Sie in Wartehallen» lese ich über einer Vitrine als Werbung für Plakatwerbung. Müßte es nicht «Warten Sie in Werbehallen» heißen?

STADTBESCHRIFTUNG Graffiti stören mich nicht, sagt M., die wildesten und größten sind von der Ringbahn aus zu sehen. Ohne ihre Graffiti wäre die Stadt kahl. Vielleicht sähe es ohne Gekrakel ordentlicher aus, ja, und nicht jede Schmiererei ist schön, nein, und sicher, oft handelt es sich um Sachbeschädigung, aber langweiliger wäre es ohne die «600 000 Tags», von denen ich auf einer Wand kurz vor der Einfahrt in den S-Bahnhof Schönhauser Allee lese, schon. 600 000? Ganz schön viele. Ob der Mann, der überall Sechsen hinmalt, schon so viele geschafft hat? Mit abwaschbarer Kalkfarbe pinselt er seine Lieblingszahl seit Jahren auf wildgeklebte Plakate oder herumliegende Gegenstände. Er, ein Mann in den Vierzigern, der Pfälzer Dialekt spricht und hellblaue Anwaltshemden trägt, versteht sich als Straßenkünstler. Straßenkünstler, die um Wirkung und Aufmerksamkeit im öffentlichen Raum kämpfen, gibt es einige in der Stadt. Eine Person, Gerüchten zufolge ein Franzose, schreibt mit dickem Pinselstrich «Vive la Bourgeoisie» auf Plakate und klebt diese in Mitte und sonstwo an Hauswände. Unerreicht ist das Werk des Filzstiftmannes, eines unbekannten Meisters, der seit Jahren immer wieder Litfaßsäulen mit der Frage «Warum muß der Sohn betteln?» beschriftet. Es soll sich, so war es einmal in einem Stadtmagazin zu lesen, um einen

Belgier handeln, der unter psychotischen Schüben leidet. Als seine flammengerahmten, oft von schwarzen Kreuzen umgebenen Menetekel noch nicht in Prenzlauer Berg, sondern mehr um den Kottbusser Damm herum zu sehen waren, stellte der Meister gelegentlich auch die Frage «Wann stellt das erste Kreuzberger Schwein seine Essensreste heraus?»

Noch ein anderer Unbekannter, ein Maler, hängt seine Ölbilder in die Straßen. Die Köpfe der Schrauben, mit denen er die massiven Holzplatten befestigt, verklebt er mit Sekundenkleber. Eine Nixe hat er so an einem hölzernen Blumenkasten in der Oderberger Straße befestigt, ein Halbakt ist an einem Zaun in der Lychener Straße zu sehen. Mittlerweile, Wettbewerb allerorten, werden nicht nur immer raffiniertere, oft lebensgroße Cut-Outs an Hauswände geklebt, sondern auch Plastiken in der Öffentlichkeit montiert. Bildhauer warten nicht mehr auf den Auftrag vom Senat für ein Kunstwerk im öffentlichen Raum, sondern schrauben ihre Skulpturen kurzerhand und ohne lange zu fragen selbst irgendwo an.

EINSCHUSSLÖCHER M. erzählt von einer australischen Bekannten, die Anfang der neunziger Jahre nicht die Straße mit ihrer Kunst zukleisterte, sondern Gipsabdrücke von Einschußlöchern in Fassaden und Gehwegplatten anfertigte. Sie sammelte Einschußlöcher. Vor der großen Sanierungswelle war das nicht schwer, fast jedes Eckhaus trug seine Kriegsspuren wie Pockennarben auf der Fassade. Neben den Exponaten ihrer Abgußsammlung gaben Kärtchen Auskunft über die Lage des Hauses und die Höhe des Einschlags im Mauerwerk.

Seit der großen Sanierungswelle, seit es kaum noch Fassaden mit Einschlußlöchern und fehlenden, weil abgefallenen Balkonen mehr gibt, stehen hier zu viele gelbe Häuser. Ich kann mais- und zitronengelbe Fassaden nicht mehr ertragen, sagt M. Alle Eis- und Bonbonfarben sind im sanierten Prenzlauer Berg zu sehen, dazu noch Milchkaffee und helles Mokkabraun. Und immer mehr Häuser, die vor ihrer Renovierung in einem schlichten, nackten, eingegrauten Rauhputzkleid dastanden, tragen nach ihrer Renovierung plötzlich aufhübschende Stuckelemente. Haben auf einmal Gekröse. Die Geschwürhäuser sind wieder da.

Eine Ecke weiter, nur hundert Meter von den Neustuckhäusern entfernt, wuchern Satellitenschüsseln wie große Pilze aus einer Altneubaufassade. Und noch zwei Ecken weiter, wir sind schon im Wedding, wir haben aus der pastellsanierten Altbauhölle herausgefunden, bewundern wir ein postmodernes Eckhaus, das fast alle möglichen Einfälle der Fassadenverunstaltung kombiniert. Wir stehen vor einem mit Guß und Smarties verzierten und von Hagelzukkerkacheln überzogenen Knusperhäuschen. Kinder von heute werden diese Architektur eines Tages bewundern, so wie ich manches Monument der siebziger Jahre bewundere. Wie gut gefiel mir zum Beispiel Werner Düttmanns gewaltiges Ku'damm-Eck. Ich war, M. glaubt mir das nicht, traurig, als es abgerissen wurde.

WELCHE FARBE HAT BERLIN?

Heute fällt die Antwort leicht, die Stadt ist weiß, wir stecken knöcheltief im Schnee. Sonst, im Sommer, sei Berlin grün, sagst du, eigentlich aber asphalt- oder sandfarben, ziegelrot, Pfeffer-Salz wie der Gehweggranit, kopfsteinpflasterblau und -violett.

Kein Wunder, daß die Frage während eines Schneespaziergangs auftaucht. Alle anderen Farben fehlen, sogar die kahlen Äste und Zweige tragen heute Weiß.

Hell-Elfenbein? Sanssouci-Gelb? Lindgrün? Blau? Ist der berlinblaue Himmel, wenn er denn mal zu sehen ist, nicht die größte gleißende Farbfläche über der Stadt? Oder ist die Himmeltönung doch eher wolkengrau, gedeckt-verwaschen? Waschbetongrau? Plattenbaubunt? Im Deutschen lassen sich leicht Farbadjektive bilden.

Eine Gestaltungssatzung, die Farbvorgaben macht, gibt es nur für den Pariser Platz, die Linden und den Gendarmenmarkt, demnächst vielleicht auch für die frühere historische Mitte – es soll nicht noch mehr Gebäude in Alexa-Rosa geben. Wo die Gestaltungssatzung gilt, dürfen nur helle und naturbelassene Farbtöne verwendet werden, metallisch glänzende Materialien sind verboten, Sichtmauerwerk ebenfalls. Das gilt für Fassaden von Neu- und Umbauten, weshalb es eigentlich gar nicht erlaubt wäre, Schinkels Bauakademie wiederzuerrichten. Und das Rote Rathaus, müßte das nicht verputzt werden?

Mitte der neunziger Jahre (die Vorschriften stammen aus dem Jahre 1997) gab es den Wunsch nach einem neuen steinernen Berlin, geträumt wurde von einer hellen, neoklassizistischen Stadt, Berlin la Blanche, aus Ruinen auferstanden als große Elfenbeinschnitzerei.

War Berlin früher nicht überhaupt schwarzweiß, wie Vorkriegsfotos suggerieren? Und Ost-Berlin eine Stadt in Orwo-Color? Die Hauptstadt der DDR hatte andere Farben als West-Berlin, braunkohlegrau und bröckelbraun, sie hatte, aber das gehört nicht hierher, auch einen anderen Geruch. Der ist verweht, ja, es gibt kein Ost-Berlin mehr, nicht nur die politische, auch die farbliche Teilung der Stadt ist überwunden, und in vielen Gebieten, schau dir die Fassaden in Mint und Pistazie an, wurde überkompensiert.

Berlin ist rot, Berlin ist grün und nachts in manchen Wohngebieten des Westens gaslichtgelb. Und in seinen Wohnungen, das fällt dir im Schnee noch ein, hat Berlin die Honigfarbe von abgezogenen Dielen unter stuckweißen Decken.

ENDIVIEN

LEHRTER SHOP Nicht weit vom neuen Hauptbahnhof stoße ich auf den *Lehrter Shop*, einen Kiosk im Erdgeschoß eines Wohnblocks in der Lehrter Straße. Bänke stehen in dem
Vorgarten gegenüber der Berliner Stadtmission. Drei Männer, einer, der sich auf einen Rollator stützt, kommt gerade
hinzu, sitzen vormittags, kurz vor zehn, beim Bier beisam-
men. Die Stadtmission macht mit wehenden Fahnen auf
sich aufmerksam, auf einer von ihnen sind unübersehbar
groß die Buchstaben *SM* zu sehen. Auf der Fahne daneben
flattern die berühmtesten Verse von Dietrich Bonhoeffer. In
der Heinrich-Zille-Siedlung, soviel verrät der Schaukasten
mit Mietangeboten, sind drei Wohnungen frei. Ich überlege,
wie geborgen ich mich dort fühlen könnte. Baumbestanden,
fast zugewachsen sieht die Straße aus, lang und heiß und ruhig und viel zu breit liegt sie da. Hier, auch hier, war mal die
Welt zu Ende. Und seit dem nicht mehr so ist, hat sich noch
nicht viel getan. Ein Freibad wurde vor vier Jahren geschlossen. Und das Amtsgericht Tiergarten neben der Zweigstelle
der Justizvollzugsanstalt Tegel trägt noch immer Einschußlöcher in seiner Klinkerfassade. Dahinter stehen die Kassenhäuschen des Poststadions aus der Zwischenkriegszeit.
Keine Sperre, Eintritt frei. Eine Waschbetontreppe führt
den Hang hinauf, Unkraut, das da wuchert, hat mit seinen
Wurzeln einzelne Stufen verschoben. Das Gittertor auf dem
oberen Absatz ist mit einer rostigen Kette und einem Vor-
hängeschloß gesichert. Sieht aus, als solle verhindert werden,
daß die dahinter dichtgedrängt stehenden jungen und nicht

mehr so jungen Bäume aus dem Stadion herausdrängten. Das Poststadion ist zugewachsen. Über die Nebensportplätze gehe ich immer am Zaun entlang, bis ich hinter der Pappelreihe ein Loch finde. Ich komme in den jungen Urwald, den Zauberwald hinein und stehe in der zugewachsenen Kurve. Mein Palenque liegt in Moabit.

Die Spielfläche schimmert gepflegt durch Unterholz. Das Poststadion ist zum Waldstadion, zum Dornröschenstadion geworden. Fünfzigtausend Besucher hatten hier einmal Platz, heute stehen hier mehr als fünfzigtausend Bäume. Ahorn, Robinien und Birken. Sie harren aus auf ihrem Stehplatz, Tag und Nacht, bei jedem Wetter.

SICHERHEITSVERSCHRAUBUNG Vor dem Bundesministerium für Wirtschaft und Technologie liegen drei Männer über einem Kanaldeckel. Auf ihrem Lieferwagen steht «Sicherheitsverschraubungen». Neue Ampeln hängen hoch über der neu asphaltierten Invalidenstraße. Keine Spur mehr von dem Grenzübergang, den es hier einmal gegeben hat. Zwei Zugbegleiter in Uniform ziehen ihre Rollkoffer über den Bürgersteig. Noch fährt keine Straßenbahn zum neuen Bahnhof.

EUROPAPLATZ Zwei Mädchen in kurzen Jeansröcken und weißen Polohemden, die mit dem Logo eines Getränkeherstellers verziert sind, stehen auf dem Europaplatz und verteilen Getränkedosen. Der Europaplatz liegt vor dem neuen Bahnhof, nördliche Seite, gleich neben der Tunneleinfahrt an der Ella-Trebe-Straße. Ich weiß nicht, wer Ella Trebe war. Lese später, daß es sich um eine kommunistische Wider-

standskämpferin handelt. Die hübschere der beiden Promo-
tionsarbeiterinnen überreicht die Freigetränke, die meisten
gehen an Taxifahrer. Die andere fotografiert sie dabei, ein
Stück vom Glaspalast Hauptbahnhof und der teils proviso-
risch planierte, teils asphaltierte Europaplatz sind immer mit
auf dem Bild. Hin und wieder wohl auch ein Stück der roten
Ziegelmauer auf der anderen Seite der Invalidenstraße, die
einmal zum Moabiter Zellengefängnis gehörte. Hinter der
Mauer, ein Durchgang ist noch mit einem Gitter versperrt,
entsteht ein kleiner Park. Links liegt der architektonische
Antipode zum neuen Hauptbahnhof, ein Gebäude, das aus
mit winzigen grünen Kacheln besetzten Betonplatten zusam-
mengesteckt ist. M. sagt, daß sie dort zu West-Berliner Zeiten hin und wieder Pakete abholen mußte.

DER GRAUREIHER M. zeigt auf ein Haus, in dem sie einmal gewohnt hat, in einer Ladenwohnung, da sind wir fast
auf dem Friedhof hinter der St. Johannis-Kirche, einer von
Schinkels Vorstadtkirchen. Damals fuhr sie einen R4 und
traf sich zweimal die Woche zu Lesegruppen. West-Berlin,
sagt sie, sah schwer vernachlässigt aus. Nicht so schlimm
wie Ost-Berlin nach dem Mauerfall, nein, und nicht ganz so
ruinenromantisch wie auf den schwarzweißen Postkarten,
die in Buchhandlungen neben Vorkriegsansichten verkauft
werden: der Potsdamer Platz mit seinem Verkehrsturm der
zwanziger Jahre, der Rosenthaler Platz, wie er war, Karten,
auf denen das Stadtschloß zu sehen ist.

Wir laufen Alt-Moabit hinunter, gehen durch den kleinen Tiergarten, wechseln auf die Turmstraße und sehen Aldi
im alten Turmpalast. Früher war da ein großes Kino. Das
Kaufhaus daneben, Karstadt, sieht aus, als wollte es schon

morgen lieber nicht mehr öffnen. Wir gehen weiter, bis wir auf einmal vor der AEG-Turbinenhalle Hutten-, Ecke Berlichingenstraße stehen, der berühmten von Peter Behrens, die in fast jeder Architekturgeschichte abgebildet ist. Keiner von uns hat sie bisher in natura gesehen. Innen, wir hören es und riechen Maschinenöl, wird gearbeitet. Ja, hier wird noch gearbeitet, tatsächlich etwas hergestellt. Wir spazieren um den ganzen Block herum und dann am Charlottenburger Verbindungskanal entlang zur Spree hinunter. Nah am Ufer, still und unbeweglich im Abendlicht, sehen wir einen Graureiher stehen.

SAFTBAR Der Bahnhof ist eine Mall, in der oben und unten Züge halten. Viele Geschäfte, und alles ist schön sauber. Picobello. Kein Bahnhofsschmutz weit und breit. Die Geschäfte habe ich aber fast alle schon einmal anderswo gesehen, sagt M., am Potsdamer Platz, in den Schönhauser Allee Arcaden, im Gesundbrunnen- oder Ringcenter, auf der Tauentzienstraße. Kleinkariert ist es nicht, kleinkariert sieht anders aus. Erinnert an die Zukunft, mehr an einen Flughafen als an einen Bahnhof. Als Ruine wird dieser Bahnhof allerdings kaum eine so gute Figur machen wie der malerische Rest vom Portal des Anhalter Bahnhofs. Vielleicht bleibt ein Stück Stahlgerüst. Und ein großer Haufen Scherben. Wir bleiben an einer Saftbar stehen und zählen uns die Berliner Bahnhöfe auf, die seit dem Krieg abgerissen wurden, zu Museen geworden sind oder nur noch in den Namen, die sie ihren U-Bahn-Stationen gegeben haben, fortexistieren.

TUNNEL Ohne eigentlichen Grund, nur um einmal hindurchzufahren, fahren wir durch den Tiergartentunnel. M. erinnert sich, daß es hier vor ein paar Tagen den ersten Toten gab. Einen Motorradfahrer. Sonderbarerweise las sich die Meldung, als ob der Tunnel damit, nun, da er sein erstes Verkehrsopfer gefordert hatte, tatsächlich eingeweiht sei. Uns fällt auf Anhieb keine Route ein, die der Tunnel tatsächlich abkürzt. Mag sein, daß es Autofahrer gibt, die sich jeden Morgen über dieses Bauwerk freuen, wir halten es bloß für die längste und teuerste Tiefgaragenzufahrt der Welt. Wir könnten nach dem Einkaufen im neuen Hauptbahnhof unterirdisch zum Shoppen an den Potsdamer Platz fahren. Wir beschließen, genau das bald mal zu tun. So ein langes, waagerecht ausgeschachtetes keynessches Loch sollte doch genutzt werden, bevor es wieder zugeschaufelt wird.

Dreihundertneunzig Millionen Euro sind hier in der Erde vergraben worden, obwohl weit und breit kein Gebirgszug, kein Berg, nicht einmal ein Hügel zu sehen ist und der Untergrund für Tunnelbauten eher ungeeignet ist. Von solchen Widerständen aber lassen deutsche Planer sich nicht abhalten. Hier wurde gezeigt, was Tunnelbohrmaschinen im Schildvortrieb können. Bitte schön, einmal unter dem Regierungsviertel und der Spree hindurch. Und das nur weil eine breite Straße oben an die von Speer geplante große Nord-Süd-Achse erinnert hätte? Egal. Wo er nun mal da ist, fahren wir durch den Tunnel. Und stellen fest, er gefällt uns. Wir fühlen uns angenehm aufgehoben in seinem Nirgends, ein Zustand, der sich sonst nur nach längerer Autobahnfahrt einstellt. Und uns gefällt das Gefühl, durch eine Metapher zu fahren. So kommen wir davon und schlüpfen unter aller Buchstäblichkeit der Oberfläche hindurch. Bis das Tageslicht uns wieder blendet.

EIN PAAR FUSSBALLSCHUHE Mit einem Becher von der Saftbar, die ihre frisch gepreßten Säfte unter Bezeichnungen verkauft, die ich mir nicht merken kann, kommen wir aus dem Bahnhof. Noch ein großer, leerer Platz und keine Bahnhofsgegend. Keine Hotels und keine Sexshops in Sicht. Wir gehen bis zu der neuen Fußgängerbrücke, die zwischen der renovierten, herausgeputzten Moltkebrücke und der neuen Kronprinzenbrücke, die Santiago Calatrava gebaut hat, die Spree überspannt. Es ist ein klein wenig wie in Venedig, sagt M., auch dort muß man, aus dem Bahnhof kommend, über eine Fußgängerbrücke gehen. Bis auf das Wasser, Spreewasser unter uns, erinnert sonst jedoch wenig, eigentlich gar nichts, an Venedig. Das Sandskulpturenfestival Sandstation, ein Sandburgenbauwettbewerb im märkischen Sand findet wieder statt. Schön. Vor uns liegt ein großer, heller Kubus, der Amtssitz mit Gleisanschluß, das Bundeskanzleramt. Manchmal heißt es, es erinnere an Paläste in Isfahan. Ich muß bloß an den Madison Cube Garden denken, den Matt Groening in *Futurama* für sein Neu New York im Jahr 3000 erfunden hat.

Auf dem Rasen über dem Ufer entdecken wir zwei riesige mattsilberne Objekte, die sich bei näherer Inspektion als ein

Paar Fußballschuhe aus Plastik entpuppen. Aufgeblasen auf die Größe einer Hochgeschwindigkeitslokomotive sieht auch ein Fußballschuh nicht mehr wie ein Fußballschuh aus. Und paßt so gut zu dem Bahnhof, der sich nicht auf den ersten Blick als Bahnhof zu erkennen gibt. Und zu dem Kanzleramt, das nicht unbedingt als ein Kanzleramt erkannt werden möchte. Wir sehen noch eine riesige, Claes Oldenburg hat nichts damit zu tun, auf ihrem schmalen Rand stehende Kopfschmerztablette. Und fragen uns dann, wo liegen die anderen deutschen Beiträge zur Weltkultur? Wo ist Adenauers beleuchtetes Stopfei? Und wo der Hosenknopf? Der Eierpikker? Vor ein paar Jahren hätte ich mich noch aufgeregt und mein verinnerlichtes Schuldgefühl, meine deutsche Hypothek hätte gefordert, hier dann bitte auch eine auf die Größe einer Doppelgarage gebrachte Dose Zyklon B aufzustellen. Heute nicht mehr. M. macht Fotos, auf denen ich nachher nicht erkennen kann, wo wir gewesen sind, dann spazieren wir weiter durch die von animierten Architekturmodellfigürchen wie uns bevölkerte Park- und Dienstwagenlandschaft. Am Ufer liegt eine gut besuchte Strandbar. Berlin, so scheint es, liebt sein Regierungsviertel. Und ich komme mir vor wie in einem der Stadtmodelle, in denen zu Grundschulzeiten die Fahrradprüfungen abgehalten wurden. Polizeiwagen fahren im Schrittempo durch die gepflegte Stadtillusion. Von weitem halten wir das Paul-Loebe-Haus, uns täuscht das auskragende Vordach auf den dünnen Säulen, für den nächsten Bahnhof.

ROSINENSCHNECKE Vorbei an den Betonpollerpalisaden, die vor der Baustelle der gut bewachten Amerikanischen Botschaft schon im Bürgersteig stecken, gehe ich zum

Mahnmal. Laufe, ich war schon ein paarmal da, und es nutzt sich nicht ab, durch den Stelenwald, in dem man so leicht und so schön allein sein kann. Später sitze ich auf der langen Mahnmalterrasse und mache Pause mit Stelenblick. Schöne Aussicht auf die Steine, die nun weniger an einen Wald als an einen See erinnern. In den Läden in meinem Rücken könnte ich ein Berlin-T-Shirt kaufen, Ansichtskarten oder Mauersplitter. Irgendetwas mit einem Ampelmännchen oder dem Fernsehturm drauf, einen Berlin-Beweis, der zeigt, daß ich hier war.

Ich esse dann doch keine Currywurst, es ist zu heiß, sondern eine Rosinenschnecke. Und betrachte dabei die protzige Zurückhaltung der nahen Landesvertretungen, die in der Straße, die In den Ministergärten heißt, stehen. Sie erinnern, obgleich sie noch gar nicht so alt sind, an architektonisch sehr ambitionierte Oberstufenzentren aus besseren Zeiten.

Ich picke mir die Rosinen aus der viel zu süßen Schnekke, trinke zu süßen Eistee und weiß, daß links, ich kann da gleich hinschlendern, der Führerbunker stand. Über den Betonresten, die noch in der Erde stecken, liegt ein kleiner, verbundgepflasterter Parkplatz. Eine Schranke versperrt die Zufahrt, die Stellplätze gehören den Mietern des angrenzenden Plattenbaus. Eine Schautafel zeigt auf einem Plan rot eingezeichnet die Lage des Fahrer- und die des Führerbunkers. Als ich dort vorbeikomme, meine Finger kleben noch von dem Zuckerguß der Rosinenschnecke, steht eine amerikanische Reisegruppe davor. Die Reiseleiterin erzählt deutsche Geschichte, einer der Touristen, es ist immer noch sehr heiß, fragt nach Eva Braun.

FOLIE Zwei der Baulücken am Leipziger Platz sind mit großen, bedruckten Folien verhängt. Eine von ihnen suggeriert ein Bürogebäude, die andere tut noch raffinierter so, als handele es sich um ein Haus, vor der ein Großplakat hinge. Das ist Theaterarchitektur, die Geld einbringt und dem Wort Stadtkulisse eine ganz neue Bedeutung verleiht, denn hinter den Folien dieser Scheinfassaden, die von aufwendigen Gerüstverbauungen gehalten werden, wird nicht gebaut. Hinter der großen Sichtblende, in Google Earth ist die Mogelei gut zu erkennen, liegt bloß Bauschutt.

Anfang der neunziger Jahre ist die Stadtschloßfassade als Folie wiederauferstanden. Dann kamen Christo und sein Reichstag, sagt M., damals noch unbedruckt und werbefrei. Die Gedächtniskirche war mal eine Evian-Flasche. Und zur Zeit gibt es Schinkels Bauakademie als sehr großes Zelt. Potemkin lebt. Und eines Tages wird wahrscheinlich der eben abgerissene Palast der Republik als Folie wiederauferstehen. Nur so, damit die Nachgeborenen sehen, wie er aussah.

LEERER SOCKEL Auf dem Potsdamer Platz muß ich daran denken, daß ich, da war ich auf Klassenfahrt in Berlin, noch hierhergekarrt wurde, um in die DDR zu sehen. Da gab es diesen Kiosk, der Ansichtskarten verkaufte, und die Aussichtsplattform, von der man in den Warschauer Pakt hineinschauen konnte. Ein paar Meter weiter fing Sibirien an. Wir kauften Postkarten, fotografierten die Mauer mit unseren Pocketkameras und stiegen wieder in den Bus. Heute steht hier eine Replik des Zwanziger-Jahre-Verkehrsturms mit funktionslos blinkender Ampelanlage und die große St.-Sony-Kathedrale mit ihrem nachts in wechselnden Farben aufleuchtenden Großregenhäubchen. Die Kinos liegen unten, in der Krypta. Und wie in großen Kirchen üblich, gibt es überbaute Reste eines Vorgängerbaus, hier der Kaisersaal des alten Esplanade, heute ein Café.

So, wie Berlin hier aussieht, so träumen Entwurfsprogramme von der großen Stadt. Die Ansicht ähnelt einer, die Comiczeichner sich ausdenken könnten. Nur wären deren Türme höher als der Bahn-Tower und die beiden Türme des Beisheim-Centers. Pharaonisch wirkt der Potsdamer Platz unter der Erde, da wo sich die Tunnel treffen und der stille Regionalbahnhof an die Geisterbahnhöfe erinnert, die es früher unter Ost-Berliner Stadtgebiet gab. Gelegentlich regnet oder schneit es durch die großen Hutzen über den beiden Einstiegen in die Unterwelt hinein.

Der erst kürzlich vor dem südlichen Ausgang der U2 wieder aufgestellte unscheinbare leere Sockel, auf dem einmal an Karl Liebknecht erinnert werden sollte, ist vielleicht das schönste Denkmal Berlins. Nicht, daß es wirklich an Karl Liebknecht erinnerte. Nein. Der leere Sockel funktioniert eher wie eine Single-Stele und erinnert auf seine Weise daran, daß hier bis vor ein paar Jahren ein paar Jahrzehnte lang nichts gewesen ist. Während des letzten Winters, da habe ich hier vom Sommer geträumt, stand gleich daneben eine Rodelbahn. Eine schräge, mit Kunstschnee vereiste und aufwendig gekühlte Rampe, aus der es immerzu tropfte. Gegen Gebühr konnte man auf luftgefüllten LKW-Schläuchen hinunterrutschen.

ENDIVIEN Schon wieder Frühling, erster langer Spaziergang. Vom Bahnhof Bülowstraße die Potsdamer-, Haupt-, und Schloßstraße hinunter bis Rathaus Steglitz, dann durch die Grunewald-, Lepsius-, Maßmann-, Laubacher-, Koblenzer, Blisse- und Uhlandstraße zurück zum Kurfürstendamm, über den Tauentzien bis zum Wittenbergplatz. Die Stadt blüht, und die Bäume tragen frisches, getupftes Hellgrün an ihren Zweigen. Die Blätter sind oder sehen aus wie gerade geschlüpft. Auf den Spaziergängen erinnern wir uns jetzt immer schon an unsere anderen Wanderungen, M. erinnert sich, was sie wo und wann gekauft hat, zu welcher Zeit sie in welches Schwimmbad gegangen ist und wo welche Freundin und welcher Freund gewohnt hat. Sie erinnert sich an die Jahre, als sie Rathaus Steglitz umsteigen mußte, sagt, hier stand der Sportpalast, hier, in dieser Straße hat Franz Kafka mit Dora Diamant gewohnt, hier David Bowie und Iggy Pop, und in diesem Haus auf der Schloßstraße befand sich das Delikatessengeschäft, in *Das abenteuerliche Herz* heißt es «Schlemmergeschäft», in dessen Auslage Ernst Jünger in seinem Traum die violetten Endivien sah, die nur mit Menschenfleisch gegessen werden sollten.

GEDÄCHTNISKIRCHE Als ich, da bin ich auf dem Heimweg, auf die Tauentzienstraße komme und sie sehe, staune ich plötzlich über die Gedächtniskirche. Ich bin, und weiß erst nicht, warum, überrascht, daß sie immer noch steht. Man sieht sie ja gar nicht mehr. Nur noch sehr selten, wenn überhaupt nur auf West-Berliner Ansichtskarten. Nie auf T-Shirts, Umhängetaschen oder außen auf Stadtplänen. Auf Buchumschlägen nur noch in Antiquariaten. Als Emblem ist sie abgemeldet, der Fernsehturm hat gewonnen. So oft wie er in echt ins Bild ragt, so oft ist er auf T-Shirts, Plakaten oder sonstwo zu sehen; prangt als Logo der Marke Berlin überall, wo es nötig scheint. Mittlerweile fast zu weit verbreitet. Ich werde mir bald mal ein Funkturm-T-Shirt drucken.

BROMBEERFLECKEN Mittags esse ich in der Oderberger Straße, für die Jahreszeit und die Temperatur zu schwer, Schinkenrollbraten mit Rotkohl. Auf der Kastanienallee biege ich dann, bin schon fast vorbei, doch ab in den Prater und trinke unter den Bäumen Kaffee, lese und male ein wenig, bin aber eigentlich zu müde, in dem Text herum, den ich dabeihabe.

Ich weiß nicht, warum ich so müde bin, aber vielleicht ist die Müdigkeit der Grund, warum ich in dem Matratzenladen über der Ecke Eberswalder neue Kopfkissen kaufe. Wollte ich schon lange machen. Zu Hause, es ist so heiß und eigentlich hatte ich die Aktentasche ja schon dabei und wollte in die Bibliothek, schlafe ich auf dem Bett, auf einem der neuen Kissen, die ich gleich bezogen habe, über dem Pariser Tagebuch ein. Träume und wache verwirrt wieder auf. Kurz nach sechs verlasse ich das Haus noch einmal, wieder mit Tasche, und mache mich noch einmal auf den Weg in die Stabi. Als ich an der Straßenbahnhaltestelle warte, will ich schon wieder zurück, am liebsten zurück ins Bett, steige dann aber doch ein und nach ein paar Stationen in die S-Bahn um, am

Potsdamer Platz jedoch nicht aus. Bin auf einmal wieder so müde. Ich glaube, ich kann nie wieder aufstehen, ich muß sitzen bleiben und bis an mein Ende S-Bahn fahren. Sitze aber, mein Glück, nicht in der Ringbahn. In Lichtenrade ist Endstation.

Ein Prellbock steht dort auf dem Gleis und erinnert mich an meine Modelleisenbahn. Bereitete mir immer große Freude, einen Zug mit Höchstgeschwindigkeit gegen solch einen Prellbock fahren zu lassen, Zugunglücke gefielen mir.

Vor dem Bahnhof staune ich über den riesigen Ziegelbau der ehemaligen Schloßbrauerei und weiß dann nicht so recht, in welche Richtung ich gehen soll. Nur weil mir ihr Name so gut gefällt, folge ich der Prinzessinnenstraße, an Einfamilienhäusern vorbei, bis sie plötzlich aufhört. Auf einmal stehe ich im Urwaldgürtel um Berlin, der sich erst nach ein paar Metern zu einer mit hohen, noch blühenden, schafgarbenartigen Gewächsen bestandenen Wiese öffnet. Einzelne Sträucher stehen dazwischen, noch ein Pfad, dann ein Maisfeld. Ich sehe kein Haus, keine Straße, keinen Orientierungspunkt, nichts. Nichts zu sehen, nur Grün. Ich stehe auf einem der Trampelpfade in der Sonne, die langsam sinkt, als mir plötzlich ein Mädchen auf einem riesigen schwarzen Pferd entgegenkommt. Das Mädchen trägt ein enges, türkisfarbenes T-Shirt und die vorgeschriebene Reiterkappe, ihr Pferd nähert sich im Schritt, sie kommen aus der Sonne. Einen Augenblick staunen wir, ich habe meine Ledermappe in der Hand, einander ungläubig an. Sie sagt Guten Tag, ich sage Hallo, dann reitet sie weiter. Ich schaue ihr hinterher. Nach ein paar Metern beugt sie sich vor, um unter einem Zweig, der aus einem Baum in den Weg hängt, hindurchzukommen, dann ist sie verschwunden.

Ich ziehe noch eine Schleife auf dem Pfad, der sich durch

die Mauerstreifenwildnis windet, finde sehr reife, saftige Brombeeren, pflücke mir ein paar und gehe auf Umwegen vorbei an leeren Ladenlokalen, Flachbauten ohne Mieter, Vorstadthäusern und einem Gebrauchtwagenhändler, der scheckheftgepflegte Autos anbietet, zurück zum Bahnhof. Über nicht wenigen Geschäften in der Bahnhofstraße hängen Neonleuchtschriften, die damals, als sie in Mode waren, wohl informell, wie von Hand dahingeschrieben wirken wollten. An einer Ecke entdecke ich, ich habe lange keinen gesehen, einen Coiffeur. Als ich wieder in der S-Bahn sitze, bemerke ich, daß ich Brombeerflecken an meinen Händen habe. Von dem Mädchen auf dem Pferd habe ich vielleicht nur geträumt.

TAXI DRIVER M. und ich treffen uns Spittelmarkt und gehen an der Spree entlang, vorbei an den Museumsschiffen, historischen Spreekähnen, die da festvertäut liegen, und weiter bis zum Kraftwerk Mitte. Die Sonne scheint. Am Kraftwerk kommen wir nicht vorbei, wir müssen durch ein Haus zur Rungestraße und dann durch die Köpenicker um das Kraftwerk herum. Wir wechseln das Ufer, streifen die East-Side-Gallery entlang bis zur Oberbaumbrücke, wechseln die Uferseite wieder, machen Station im San Remo, trinken Wasser, keinen Sekt auf Eis, und schauen kurz ins Tristesse hinein.

Über den Schlesischen Busch, an der Wagenburg vorbei, biegen wir in den Görlitzer Park. Auf dem Bolzplatz probt eine Kampfsportgruppe ihre Kampfsportart, für uns sieht das aus wie ein Tanz. Die Anlage, die einmal der Pamuka-le-Brunnen werden sollte, ist noch immer, nun schon seit Jahren, eingezäunt und verwittert vor sich hin. Der Stein, der verbaut wurde, verträgt keinen Frost und splittert ab, in immer größeren Stücken. Wir überqueren die Skalitzer Straße, gehen unter dem Hochbahnhof hindurch, durch die Oranienstraße und biegen ab zu Hasir; essen Fleischspieße vom Grill mit Peperoni, Rettich und Reis und trinken Ayran. Dann geht es weiter die Oranienstraße hinauf, über den Moritzplatz und die Kochstraße bis zur Kreuzung Friedrichstraße und weiter, fast schon in Trance, über Stadtmitte hinaus, die Friedrichstraße hinauf, weiter über die Linden und durchs Wäldchen an der Neuen Wache. Die Fenster im Palais am Festungsgraben sind heute dunkel, der Balkon ist leer. Heute keine preußische Hochzeit. Im Freiluftkino auf der Museumsinsel vor der Alten Nationalgalerie läuft *Taxi Driver*. Wir schauen ein paar Minuten über den Projektorwagen hinweg auf ein Stück der Leinwand und sehen zu, wie Robert de Niro versucht, Cybill Shepherd alias Betsy ins Kino auszuführen.

AUFKLEBER Am nächsten Morgen auf der Kastanienallee will ich mich gerade darüber wundern, daß die Kastanien noch einmal blühen, da sehe ich, daß jemand pinkfarbene Aufkleber auf die Blätter geklebt hat. Die Aufkleber werben für ein Konzert. Plakate und Zettel und Aufkleber wachsen auch, jeden Tag kommen neue hinzu, auf den Baucontainern und auf den Verteilerkästen. Auf einer Gehwegplatte aus schwerem Granit bemerke ich einen Hundehaufen, in den ein aufmerksamer Mitbürger ein kleines Papierfähnchen gesteckt hat. Auf ihm zu lesen: Die Welt zu Gast bei Freunden. In einem Café, ich bin eigentlich bloß auf dem Weg zum Bäcker, sitzt ein Mann in einem schwarzen T-Shirt, das auf den ersten Blick wie ein gewöhnliches American-Football-

T-Shirt aussieht. Dann aber entdecke ich über der bis dahin unverdächtigen großen 43, die in College-Typographie auf seinem Rücken prangt, das Wort Stalingrad. Ich muß, ich weiß nicht wieso, lachen. Und überlege, gern hätte ich es gewußt, was meine Großmutter, die dann unweigerlich von Onkel Rudi und seinen Briefen aus Stalingrad angefangen hätte, dazu gesagt hätte.

Ich freue mich über ein Sommerkleid, beobachte die Sonnenbrillenmode, die Kinderwagenmodelle und die Modefahrräder. Eine Mutter, die ich vom Sehen kenne, kommt mit leerer Kindersitzschale auf dem Gepäckträger von der Kita zurück. Ein Rollkoffer rattert über die Fugen zwischen den Gehwegplatten, die Frau, die ihn zieht, bewundert die beiden letzten unrenovierten Häuser und staunt über die selbstgezimmerten Sitzbänke auf dem Bürgersteig. Die Gastronomen laden ein zu bleiben und haben die kleinen Blumenbeete um die Baumscheiben herum zum Schutz vor Hunden sogar mit Kaninchendraht eingezäunt. Wie hübsch. Mit dem Brot unter dem Arm gehe ich wieder nach Hause.

SPIELTAG Großleinwände hängen im alten Stadtbad, vor der Zionskirche, im ehemaligen Umspannwerk und in der Kulturbrauerei, im Mauerpark, beim Inder, im Café an der Ecke. Fernseher stehen auf der Straße. Fernseher stehen beim Thailänder, vor dem Sushi-Laden, beim Griechen und vor dem Schwarz Sauer auf der Kastanienallee. Das Deutschlandspiel ist überall. Die Straße leert sich nicht, sie füllt sich zum Spiel mit Trikotträgern, Retro-Trikotträgern und Werbe-Trikotträgern. Mit Kriegsbemalten und schwarzrotgoldenen Perücken. Mit Fußballmädchen, die Limonade durch schwarzrotgoldene Trinkhalme saugen, und Fußballmüttern, die Deutschlandfahnen am Kinderwagen führen, und mit Polizisten, die am Straßenrand in Kampfmontur Bananen kauen. Und auf die gleiche Leinwand schauen. Auf einem alten Fahrrad leuchten neue, schwarzrotgelbe Zierstreifen aus Textilklebeband. Einer, den ich früher vielleicht für einen Autonomen gehalten hätte, hat sich in eine Bundesfahne mit dem Aufdruck einer Baumarktkette gewickelt. Und ein Hund mit hellem Fell trägt ein Deutschlandtattoo auf seiner Hundestirn, passend zu dem schwarzrotgoldenen Plastik-Lei, der patriotischen Blütenkette um den Hals des Mädchens, das ihn an der Leine hat. Der Deutschlandkarneval ist ausgebrochen, alle spielen mit.

JUNIKÄFER Im Mauerpark fragt eine Frau, wo denn nun die Mauer sei. Und mir fällt auf, und es kommt mir vor, als sei das zum ersten Mal der Fall, daß es im Mauerpark gar keine Mauer mehr gibt. Nicht einmal ein klitzekleines Stück. Mich hat das nie gestört, sagt M., ich habe die Mauer nie vermißt. Von oben, da wo die Schaukeln stehen, von dem Hang, hinter dem das Jahnstadion liegt, ist der Grenzverlauf noch zu erkennen. Wo der Park aufhört und das größtenteils aufgelassene Gewerbegebiet anfängt, war Westen. Wedding. Grillgruppen verteilen sich auf der großen Wiese, die Abendsonne beleuchtet die folienbeklebte Fernsehturmkugel, Junikäfer fliegen, und Flugzeuge schweben durch den Himmel nach Tegel in die Stadt hinunter. Auf dem Abhang, auf dem wir vor kurzem noch Schlitten gefahren sind, leuchtet es lavendelblau. Es ist allerdings kein Lavendel, der da wächst, sondern ein struppiges Unkraut, das ich nur von diesem Hang kenne. Vor meinen Füßen auf dem Boden hocken zwei Junikäfer, der eine auf dem anderen, sie scheinen sich da, neben einem in die Erde getretenen Becks-Kronkorken und zwei ausgeblichenen Zigarettenkippen, zu paaren.

Drüben auf der anderen, der Weddinger Seite, haben die Hüttenwirtschaften und Plein-Air-Lokale geöffnet. Sperrmüll verteilt sich, so malerisch er kann, und der Sechsenmann war da und hat auf einem weißen Regal am Wegesrand seine schwarze Zahl hinterlassen. Auf den schon länger geräumten Grundstücken wachsen wieder Bäumchen, kleine und größere Schneepflüge stehen wie eingesperrte Tiere hinter einem Zaun, warten da und träumen den Sommer über vom Winter.

FRANKFURTER ALLEE Hinter dem S-Bahnhof Frankfurter Allee schiebt eine Frau ihren Kinderwagen. Der zugehörige Mann läuft ein Stück voraus. Ecke Rathausstraße ragen weiße Hochhäuser wie Klippen aus der Sommerluft. Eine Eissorte heißt Wuppy-Fluppy, die Postkutscherplatte vom Grill kostet 9,95 Euro. Ich habe lange keine Postkutsche gesehen. «Freizeit kann man kaufen. Mit dem richtigen Bausparvertrag», sagt das Schaufenster der Sparkasse und zeigt ein Bild von einem Baumhaus. «Für wie naiv halten die uns?» brüllt ein Mann auf einem Damenfahrrad, nur mit einer Badehose bekleidet. An einer Plattenbaufassade hängt noch ein altes, realsozialistisches Leuchtschild der Stadtbücherei. Ein Stück weiter ruhen blaulackierte Bagger von Berolina Bau. Sieht so aus, als warteten sie wie sehr geduldige, vorübergehend erstarrte Reptilien darauf, das neue, lachsfarbene Medizinzentrum hinter ihnen bald wieder abzureißen.

HEIMATFILM Es gibt ein Unternehmen, sagt M., das alle Straßen Deutschlands von Anfang bis Ende abfährt und filmt, jede Straßenseite einmal, und diese Filme, diesen langen, deutschen Heimatfilm und die aus ihm gewonnenen Daten verkauft.* An Firmen, die Haustüren oder Garagentore oder Fensterläden anbieten, beispielsweise. Oder Firmen, die Haustürgeschäfte tätigen. Die Stadt ist das Bild in dem Spiegel, der die Straße entlanggetragen wird.

FIRST CLASS FANTASY Die Lichtenberger Brücke zieht eine sanfte Wölbung über die Schienen, grundinstandgesetzt, mattblau in blau, 2000–2002. Im Blick zurück ragt die Fernsehturmkugel wie das Trugbild eines Raumschiffs, wie die Fata Morgana der Stadtmitte über den Brückenhorizont. Eine weit entfernte Markierung im Zement. Ich stehe auf dem Unterbauch der Stadt. Vor dem Bahnhof Lichtenberg, von der Brücke aus gut zu sehen, fehlen die Häuser. Und die Autos auf der Ausfallstraße träumen von einem Anderswo, träumen, daß in einem leerstehenden, wochentags verlassenen Wochenendhaus alles ganz anders sein könnte.

Der Motor eines Golf Bon Jovi heult auf, fast überfährt das Auto einen Passanten. Ein mit durchschossenen Panzerglasplatten beladener Anhänger steht am Straßenrand. Im Haus gegenüber gibt es Massagen First Class Fantasy. Ein Golf I mit polnischem Kennzeichen parkt in der nächsten Einfahrt. Natodraht liegt zwischen einstöckigen und zweistöckigen märkischen Häusern, die neben der Brückenrampe überdauert haben. Hier, hier irgendwo muß einmal ein Dorf namens Lichtenberg gewesen sein. Ein Schild im

---

* Lange vor Google-Street-View.

Fenster der Gaststätte Jägerheim sagt «OPEN». Die B1 heißt jetzt Alt-Friedrichsfelde. Hinter den Häusern mit renovierter klassizistischer Fassade stehen, so sehen schlechte Verstecke aus, Wohnblöcke, zweieinhalbmal so hoch.

GINSTER Ich rieche, wie die Pappeln riechen, ich rieche die ausgeführten Autos, den Flieder, den Ginster, die Linden, die Luft, die wahnsinnig machen kann. Aus Alt-Friedrichsfelde ist Alt-Biesdorf geworden, die Straße führt durch ein Dorf. Vor einem renovierten Häuschen blühen, daher der Duft, ein weißer und ein gelber Ginsterbusch. Die beiden stehen da wie Schneeweißchen und Postkastengelb. Ich zähle Autos pro Sekunde und bilde die Quersumme mir unbekannter Busnummern. Ecke Oberfeldstraße fährt ein neuer Toyota in einen neuen Skoda hinein. Die Fahrer entsteigen ihren Wagen, begrüßen einander und verständigen sich. Beide bleiben ruhig. Sie sehen sich sehr ähnlich. Einen Augenblick lang bin ich der festen Überzeugung, hier begegneten sich bei der Geburt getrennte Zwillinge, zum ersten Mal seit neunundfünfzig Jahren. Der Fahrer des Toyotas, ich höre immer dieses Nichts ist unmöglich, entnimmt seinem Kofferraum einen Handbesen und beginnt, er nutzt die Autosturmpause während der Rotphase, die Scherben von der Fahrbahn zu fegen. Kleinere Splitter bleiben liegen. Hinter den beiden warnblinkenden Wagen leuchtet das neue Dach der Gnadenkirche Alt-Biesdorf. Die Straße teilt sich um den Anger, die Feldsteinkirche ruht sich zwischen den Fahrbahnen aus. Sie kann nicht vor, sie kann nicht zurück. Ein Schaukasten zeigt Bilder von den neuen Löschfahrzeugen der freiwilligen Feuerwehr Biesdorf. Es riecht nach Ginster und nach Benzin.

ZUHAUSE IN BIESDORF-SÜD «Zuhause in Biesdorf-Süd. Ihr neues Eigenheim. Ab 298 000 DM». Das Bauankündigungsschild hat nicht nur viele Autos, sondern auch eine Währungsreform vorbeiziehen sehen. Heute sieht es mich, zu Fuß. Vorbeifahrende Autos hupen. Ich gehe auf Gras, auf der Wiese neben dem unbebauten Biesdorfer Berg, hinter dem die Plattenbauten liegen, bis nach Kaulsdorf. In Kaulsdorf überqueren der Weg und die Straße die Wuhle. Das nächste Bauschild verspricht die «Naturnahe Erschließung des Naturschutzgebietes». Die Straße heißt nun Alt-Kaulsdorf, nachts von Peitschenlaternen beschienen. Ich sehe einen Einkaufswagen am Straßenrand, leer. Ein ziemlich schmutziger Schwan schwimmt auf der Wuhle. Die vierte oder fünfte Elster im Bild. Blanker Himmel, blau. Ein Fasan, ein totes Reh, ein Hase. Ein kaputter Kinderwagen. Peripherie.

MAHLSDORFER MUSTERHÄUSER Auf einer von Gletschern geschliffenen Erhebung beginnt die Perlenkette der Musterhäuser. «Fertig und massiv: Partner Haus», Musterhaus Hansehaus. Von einer Erhebung in Mahlsdorf geht der Blick auf die Müggelberge. Es folgen Musterhäuser aus weißen Rauziegeln, Häuser mit Türmchen und angeklebten Erkern. Die B1 ist nun auf einmal die Haustraumallee am Toteisloch, die Knusperhäuschenstraße. Ihre Musterhäuser haben keine Altersflecken. Hier kann sich jeder, der daran glaubt, ein neues Leben kaufen.

LÖWENZAHN Ein alter Mann kniet auf dem Seitenstreifen und füllt geschnittenen Klee und Löwenzahn in einen Kartoffelsack. Neben ihm liegt eine Sense. Und ich glaube, ich habe den Tod getroffen. Der Tod sagt, er schneide Löwenzahn für seine Hasen.

Auf einem riesigen, heute leeren Parkplatz sehe ich einen jüngeren Mann, der in einer Art Uniform steckt und Moos aus den Ritzen zwischen den Pflastersteinen pult. Weht der Wind ein Papierschnitzelchen heran, hebt er es auf und steckt es in eine Mülltüte, die in einem fahrbaren Mülltütenständer hängt. Einmal rennt er, als habe er einen sehr seltenen Schmetterling erspäht, einem schneller fliegenden bunten Schnipsel hinterher. Curry-Treff, die Bude auf dem Parkplatz, ist heute geschlossen.

GROBE AUSWAHL Hinter dem vorerst letzten Baumarkt kreuzt eine Straßenbahnlinie, gleich dahinter, hier muß der Ortskern von Mahlsdorf gewesen sein, steht eine alte Wegmarkierung, «II Meilen bis Berlin». Zwei preußische Meilen sind mehr als fünfzehn Kilometer. «Rattan, grobe Auswahl», verheißt ein handgeschriebenes Schild. Näher am Schild wird aus der groben doch noch die große Auswahl. Alt-Mahlsdorf soll «Exclusiv und günstig» sein, sagt ein Plakat, ein anderes fragt mich «Haben Sie Geld verloren?». Auf einem Lieferwagen lese ich das Wort *Heizpilzexpress* und verstehe es erst, als ich es mir laut vorlese. Der Heizpilzexpress parkt neben dem Discounter für Klassikzäune, kurz vor der unsichtbaren Stadtgrenze. Die Ausstellungsfläche des Klassikzaundiscounters besteht aus einem umzäunten Irrgarten von Zäunen unter acht wehenden Fahnen. «Bei jedem Zaunmodell», soviel verspricht das Faltblatt, «Abschluß mit Kugeln oder Spitzen». Siegfried Kracauer, er promovierte über schmiedeeiserne Gitter, hätte seine Freude. Noch ein paar Meter, und die Straße ist fast eine Landstraße.

FUNDSTÜCKE

Auf dem Fußweg von der alten Apotheke in der Blücherstraße bis zum U-Bahnhof Gneisenaustraße sehe ich auf dem Gehweg eine leere Packung Choco-Chips, ein Paar ausgetretene, blaue Nike-Turnschuhe, ein zerschnittenes Fahrradkabelschloß, braunes, welkes Laub unter den Bäumen, eine leere Can-Fire-Missile-Space-Battle-King-Spielzeugverpackung, eine in fünf Teile zerbrochene grüne, polierte Kunststeintischplatte, eine ältere Sportseite der BZ (ein Hertha-Sieg wird bejubelt), eine leere Flasche Christinen Brunnen, Geschmacksrichtung Lemon-Soda (0,33 Liter), eine kleine Plastikwasserflasche aytaç waters (0,5 Liter), einen Metallschrank, eine Seite blaumetallic lackiert, einen gläsernen Flachmann Star Dollar Golden Harmonie Spirituosen 30 %, eine tote Taube, ausgerissene Vogelfedern, Glasscherben, unzählige Zigarettenkippen, einen leeren Getränkekarton Orangen-Nektar (1 Liter), einen Fernsehapparat (Telefunken, mit zersplitterter Röhre), Kastanien, eine leere Tüte Papa Joes Zwiebelringe, ein blaues Spültuch (ziemlich schmutzig), ein leeres Tütchen Simpsons-Sammelbilder, ein abgerissenes Konzertplakat, einen nur noch dreibeinigen Eßzimmerstuhl, einen Einkaufswagen mit aufgebrochenem Pfandschloß, eine Kinderkreidezeichnung, einen leeren Kaffeebecher (aus braunem, kanneliertem Kunststoff), eine plattgetretene Halbliterdose Faxe, einen durchgerosteten Auspufftopf, eine abgeworfene Motorradpelerine.

IST BERLIN HÄSSLICH?

Aufregung in der Stadt, weil zwei Fernseh-Kommissare in einem Interview meinten, Berlin sei häßlich. An einem Ort, der sich ständig mit sich selbst beschäftigt und immerzu in Selbstdefinitionen übt («sei irgendwas, sei Berlin»), erhitzt solch eine Behauptung natürlich die Gemüter. Ist die Stadt häßlich? Jeder mag das selbst entscheiden, jeder sieht ja seine eigene Stadt, und Schönheit liegt bekanntlich im Auge des Betrachters. Was den einen entsetzt, nennt ein anderer interessant, ehrlich, unverstellt, ja vielleicht sogar, auf seine Weise, schön.

Es gibt einen zur Diskussion passenden Bildband, der wohltuend unambitionierte Fotografien versammelt. Ein kleinformatiges Buch, in dem sich gut blättern läßt, zum Kühlen der Euphorie nach einer Überdosis Glanz- und Prospektberlin. Wenn man beispielsweise einen Tag um den Potsdamer Platz herum verbringen mußte. Oder zu lange am Pariser Platz oder am Hauptbahnhof war, *Backstage Berlin* von Markus C. Hurek zeigt eine andere Stadt: Es zeigt das schöne häßliche Berlin.

Der Fotograf hat fleißig gesammelt. Wir sehen Beton und Waschbeton, Türen von Drogeriemärkten, Balkonruinen, traurige Kaugummiautomaten und die Eingänge von Sexclubs, die «Pigalle» oder «Pascha» heißen. Wir sehen vermooste Gartenzwerge, Kondomautomaten, verbarrikadierte Läden und Fenster mit heruntergelassenen Rolläden. Gekachelte Fassaden, nicht mehr leuchtende Leuchtschriften, leere Speisekartenschaukästen und die temporären Installationen, die ganz unabsichtlich geschaffen werden, wenn Motorräder unter Regenhauben am Straßenrand oder auf Bürgersteigen parken; Skulpturen, die wie kauernde Wesen von einem fremden Planeten aussehen.

So ist ein Berlinbuch ganz ohne Ku'damm und Hakkesche Höfe entstanden. Ohne Townhäuser und ehemals schlicht rauhverputzte Fassaden, die nach ihrer Renovierung neohistoristischen Styroporstuck tragen. Statt dessen gibt es die von Schwarzweißpostkarten bekannte romantische Tristesse mülltonnendekorierter Hinterhöfe, hier in satter Farbe.

O du schönes, häßliches Berlin. So viele entführte Einkaufswagen, so viel Sperrmüll, so viele ausgemusterte Computermonitore, Röhrenfernseher und fleckige, durchgelegene Matratzen zieren alle Tage deine Straßen. So viele zweifelhafte Möbelstücke warten auf deinen Gehwegen, beklebt mit Zetteln, auf denen, wie großzügig, «Zu verschenken» steht. Ein Bild im Buch fügt diesen städtischen Stilleben die Ansicht eines in aller Schönheit auf einer Berliner Straße verwesenden Sessels hinzu.

Viele Berlinbesucher sind entsetzt, wenn sie so etwas zu Gesicht bekommen. Genauso entsetzt wie über verschmierte Treppenhäuser und zerkratzte S-Bahn-Scheiben. Ja, so ist sie, die große Stadt. Voller Schrecken für Bewohner kehrwochenbeherrschter, verbundsteingepflasterter, glattasphaltierter Gebiete. Trotzdem, das zeigen die Fotos, es gibt sie, die stille Idylle im Moloch, der gar keiner mehr ist, seit hier fast nichts mehr hergestellt wird, wozu es Rauch und Feuer bedürfte.

Nein, Berlin ist nicht häßlich. Berlin ist trotz des oft gar nicht malerischen Mülls und all seiner Ecken und Kanten schön. Weshalb kämen sonst so viele? Die schöne Häßlichkeit hat eben ihren Reiz, ihretwegen laufen die Touristen die Bernauer Straße und die Kastanienallee hinauf und hinunter, auf der Suche nach der Mauer (monströs-faszinierend) und Ruinen mit Einschußlöchern (schaurig-charmant). Die Objekte der Besichtigungsbegierde werden allerdings rarer, die Häuser sind bald alle saniert, alle Bombenlücken bald geschlossen. Immerhin, die Mauer wird an der Bernauer Straße nun aus rostigen, im Boden steckenden Eisenstäben –, nein, nicht wiederaufgebaut, nur angedeutet.

Der Fotograf war viel unterwegs. Er hat Monumente der Häßlichkeit aufgesucht, die unter Architekturenthusiasten schon wieder als gelungen gelten dürfen: Ja, auch die balkonbehangene Fassade des Schöneberger Sozialpalasts findet sich in diesem Buch. Und, Häßlichkeit ist die neue Schönheit, er ist durchs morbide Moabit gestreift und hat dort die bröckelnden Fassaden gefunden, die es in Mitte und Prenzlauer Berg fast nicht mehr gibt.

Es hat etwas Wohltuendes, auf den großen, stark befahrenen Straßen Berlins bis an den Rand der Stadt zu wandern. Vorbei an Currywurstbuden, vergessenen Fahrradskeletten, Müllcontainern, Anhängern, die unter Autobahnunterführungen für Pizzalieferdienste werben, vorbei an Parkplätzen, Baumärkten, Tiernahrungsdiscountern und Musterhäusern. «Selbsterniedrigung durch Spazierengehen» hat Stephan Wackwitz diese Art der Fortbewegung einmal genannt. Dabei muß man die gar nicht bis zur Selbsterniedrigung betreiben. Es reicht, wenn ein wenig Demut über den Stadtmenschen kommt, der mit diesem Büchlein in der Hand auch sehr bequem auf dem Sofa liegend durch Berlin spazierengehen kann.

Gäbe es nicht schon ein lesenswertes Buch gleichen Titels von Bodo Morshäuser, der Band könnte auch *Liebeserklä-*

rung an eine häßliche Stadt heißen. Und wie sagte einer der Fernseh-Kommissare in einem weiteren Interview? – «Berlin sieht toll aus. Und es sieht scheiße aus.»

JENSEITS DES KANALS

Eine matte Glühbirne treibt auf dem Berlin-Spandauer-Schiffahrtskanal, auf den ersten Blick sieht sie aus wie ein kleines weißes, eher rätselhaftes Tier. Hochspannungsleitungen hängen über dem grünen, dichtbewachsenen Uferpfad hinter der Föhrer Brücke, sie spannen sich vom Kraftwerk am Westhafen her übers Wasser. Die Schornsteine des Kraftwerks stehen wie drei Weise auf der anderen Seite, der riesige weiße Kasten hinter der Klinkerburg mit Türmchen könnte ein überproportionierter Bergfried sein. Ein grüngrau gestrichener Schienenkran baggert Kohlen aus dem Laderaum eines Lastkahns, bewegt er sich, schlägt zur Warnung eine Glocke. Das Schiff, das Kohle bringt, heißt Cäcilia.

Ich gehe am Kanal entlang: Über eine Lochgittergalerie, durch Schwärme von Spatzen, an wuchernden Ahorn- und Götterbäumen, Birken und Traubeneichen vorbei, der Kanal führt bis zum Humboldthafen und mündet in die Spree. Gegraben wurde er nach den Barrikadenkämpfen von 1848, als beruhigende Arbeitsbeschaffungsmaßnahme.

Eine Lidl-Tüte und eine leere Capri-Sonne liegen auf dem Pfad, eine Erläuterungstafel informiert über die auffallend glatte und glänzende Rollassel (Armadillium vulgare): Sie liebt dunkle, feuchte Orte, deshalb lebt sie hier, am Hang, am Ufer. Die nächste Lehrtafel verrät, daß ich vor einem Zürgelbaum stehe, einem in Berlin eher seltenen Gewächs. Die Spatzen tschilpen, sie wohnen im Gehölz. Ein Einkaufswagen liegt im Gestrüpp der Böschung, ein paar Zweige halten ihn gerade so fest, daß er nicht ins Wasser rutscht. Ein Stück weiter steht eine Schaukel am Wasser, ein schwerer, runder Drahtmülleimer ist mit einer Schloßgespenstkette an einer Bank gesichert. Es duftet nach Jasmin, die Vögel machen Lärm, ein Angler sitzt am Ufer. Ich frage nicht, ob man die Fische essen kann.

Kurz vor der Fennstraße wundere ich mich über einen Kaugummiautomaten an einem Pfosten, etwas verloren steht er auf einem schmalen Wiesenstreifen am Ufer. Der Name *Fennstraße* verrät, daß hier mal ein Feuchtgebiet war. Hinter der gleichnamigen Brücke ist aus der Sumpflandschaft das Nordhafenbecken geworden, Weddinger Alster wird diese Breite genannt, es ist hier allerdings nicht ganz so vornehm wie an der Hamburger Alster. Eigentlich ist es gar nicht vornehm. Hier ist der Wedding.

Nicht weit von der Bootsanlegestelle liegt ein Findling zwischen Bäumen. Auf dem flechtenüberwachsenen und bemoosten Stein lassen sich (ein paar Buchstaben muß ich ertasten) folgende Verse entziffern:

> Pflanze einen Baum
> Und kannst Du auch nicht ahnen
> Wer einst in seinem Schatten tanzt,
> Bedenke Mensch, es haben Deine Ahnen,
> Ehe sie dich kannten
> Auch für Dich gepflanzt.

Wie süßlich und wie wahr. Gilt das nicht auch für Bücher? Ich bin fast ein wenig gerührt von dieser freundlichen Ermahnung des heute sehr vergessenen Max Bewer, einem fanatisch antisemitischen Dichter der Heimatkunstbewegung. Seinen Namen habe ich ebenfalls ertastet. Mir fallen die silberglänzenden Schering-Türme ins Auge (die jetzt eigentlich Bayer-Türme heißen müßten, Schering gibt es ja nicht mehr), ein paar Meter weiter freue ich mich über das Abspannwerk Scharnhorst, ein Gebäude, dessen dunkle, gezackte Klinkerfassade an die Lamellen eines riesigen Akkordeons erinnert. Der geniale Hans Heinrich Müller hat es in den zwanziger Jahren für die Bewag entworfen. Heute sitzt dort Vattenfall.

Von einer hölzernen Brücke läßt sich auf die Panke und ihre Mündung hinunterschauen. Genaugenommen ist es gar nicht die Panke, sondern ein Nebenarm, der Schönhauser Graben, der hier in den Nordhafen mündet. Malerisch treibt der Müll im schäumenden Vorhaltebecken. Friedrich I. ließ Hofbaumeister Eosander diesen Abzweig anlegen, um sich zum Schloß Schönhausen treideln zu lassen, er wollte nicht über staubige Straßen fahren. Sieht nicht so aus, als ob das heute noch möglich wäre. Das Wehr, eine angekettete, schwimmende Röhre, hindert Boote an der Einfahrt.

Mauerwegschilder stehen nun auf dem Uferweg, kurz dahinter, gleich nach dem Hinweis, daß ich mich nun in Mitte befinde, liegt der erste Townhausriegel, noch im Rohbau. Das Bauschild kündigt Weinkeller und Dachterrassen an. Jenseits des Kanals wartet die Noch-Öde des Heidestraßen-Hinterlands, ein einsames Lagerhaus ist zu sehen, ein paar Container rosten vor sich hin. In der Ferne wehen die Flaggen auf den Doppeltürmen des Hamburger Bahnhofs, der lange schon kein Bahnhof mehr ist. Schon vor hundert Jahren befand sich ein Museum in dem Gebäude, damals ein Verkehrsmuseum. Noch weiter entfernt sind der große Glaskasten Hauptbahnhof und die Reichstagskuppel auszumachen. Und wieder finde ich es seltsam, daß die Stadt Richtung Hauptbahnhof (Lehrter Bahnhof wird er kaum noch genannt) immer weniger und immer leerer wird.

Der Pfad ist jetzt breiter und heißt Kieler Promenade. Bereits die Originalpläne des Kanals von Peter Joseph Lenné sahen eine uferbegleitende Promenade vor, es dauerte nur knapp hundertfünfzig Jahre, bis 1994, sie wenigstens teilweise anzulegen. Ein wenig deutsche Geschichte war dazwischengekommen, sie hat ihre Spuren hinterlassen: Die halboffenen Scharnhorsthöfe (ein eher unförmiger Wohnkomplex der neunziger Jahre) wurden um einen stehengebliebenen Wachturm herumgebaut. An dessen Fenster, um das der Putz ein wenig bröckelt, wacht eine Schaufensterpuppe in Grenzeruniform. Sie hält Ausschau, sie hat mich fest im Blick.

Maulbeerplantagen zierten einmal diese Gegend, die Invaliden, die im 18. Jahrhundert in der Nähe wohnten, sollten Seidenraupenzucht betreiben. Sandscholle wurde das Gebiet genannt, und Franz Hessel, der vor neunzig Jahren so viel unschuldiger hier spazierengehen konnte, erzählt, daß der Sand sich bisweilen so hoch an der Zollmauer (ja, auch die stand einst hier) gehäuft haben soll, daß sich über sie hinweg in die Stadt hineinreiten ließ. Bei der anderen, heute noch berühmten Mauer, die danach hier stand (Schandmauer oder antifaschistischer Schutzwall, je nach Perspektive), ging das leider nicht. Wer da versuchte aus der einen Hälfte der Stadt hinauszureiten, auf den wurde geschossen.

Der Kanal wird schmaler. Statt wie zuvor zwischen Spundwänden aus Stahl ruht das Wasser nun zwischen schräg aufgemauerten Böschungen. Zähflüssig sieht es aus, es scheint sich gar nicht zu bewegen. Ein paar, die versucht haben, auf die andere Seite zu schwimmen, wurden hier getötet – dann aber nicht auf dem Invalidenfriedhof begraben, der bis an den Kanal heranreicht. Ein Stück Hinterlandmauer steht auf den teils eingeebneten Gräbern. Große Tafeln zeigen, wo die Grenze verlief und wer hier wann wie starb.

Auf dem Friedhof liegen einige heute nur noch als Namensgeber ihrer Berliner Straßen und Plätze bekannte preußische Generäle. Ein Herr Winterfeldt zum Beispiel, der einem schönen Platz in Schöneberg seinen Namen gegeben hat. Auf seinem Grabmonument liegt die leere Rüstung des Kriegers in Bronze. Es gibt, fast ein wenig kitschig, Helme auf Schilden, Steinvasen, sterbende Löwen und neugotische Turmbaldachine, die nach Schinkels Entwürfen in der Königlichen Eisengießerei angefertigt wurden. Nur eine schlichte Zinkplatte liegt über Tauentziens Grab, auch ein Name, der durch seine Verewigung im Generalszug geläufig ist. Mir ist das alles plötzlich ein wenig zu preußisch, mich überkommt das Bedürfnis, laut zu jodeln. Leider kann ich gar nicht jodeln.

Eine junge, noch nicht besonders große Linde steht in einer Friedhofsmauerlücke am Kanal – angeblich genau da, wo Friedrich der Große bei seinen Invalidenhausbesuchen gerastet haben soll. Die DDR-Grenzer hatten das Original, die alte Königslinde, sie stand im Schußfeld, abgehackt. Viel höher als die junge Linde ragt auf der anderen Seite, jenseits der Scharnhorststraße, ein Schornstein in den Himmel. Ist das ein Platzhalter für die Invalidensäule, die bis nach Kriegsende im Invalidenpark stand? Nein, bitte nicht. Diese Säule muß ein rechtes Monstrum gewesen sein: Ein bronzener Adler saß mit acht Meter weit ausgebreiteten Schwingen auf einem fast zweiunddreißig Meter hohen gußeisernen korinthischen Säulenschaft, der wiederum auf einer sechs Meter hohen Granitplattform stand. Uff. Man darf der Berliner Stadtverordnetenversammlung wahrscheinlich dankbar sein, daß sie 1948 beschloß, das schwer kriegsbeschädigte

Ding abzureißen – war es doch ein Denkmal für die Solda-
ten des Kartätschenprinzen, die im Jahr 1848 auf die März-
gefallenen geschossen hatten. Eine der Inschriften im Sockel
lautete: «Die Armee rettete durch ihre Treue das Vaterland.»

HOCHBAHN

Die Stützen der Hochbahn über der Schönhauser Allee sind gestrichen worden. In dem Schaufenster, in dem sie sich spiegeln, verrät ein unauffällig angebrachtes Schild, daß Bademode nun ganzjährig erhältlich sei. Die neue Back-Shop-Filiale hat schon wieder geschlossen. Der Schnellbäcker gleich daneben hat seine Verkaufsfläche reduziert, in der anderen Hälfte des Ladenlokals befindet sich nun ein Geschäft für Druckerpatronen. Die Vietnamesen vor dem Sonnenstudio mit der Bräunungs-Flatrate sind von weitem als Zigarettenverkäufer auszumachen. Neuerdings bringen sie sich Stühle mit. Grilletta feiert sein Jubiläum mit einem quer über den Bürgersteig gespannten Banner. Der kleine Laden, in dem sonst Modeschmuck aus dem Karton verkauft wurde, bietet jetzt Taschenbücher an. Ein Euro das Stück, ein handbeschriftetes Pappschild informiert: «Nur klauen ist billiger.» Im Schaufenster des Sportgeschäfts hängt neben den beiden Schals mit dem Schriftzug FC Bayern München einer mit dem Wappen von Dynamo. Bei Conny's Container sind «Damen- und Herrenturnschuhe fünfzig Prozent reduziert» und im Team of Art, ein Shop im Shop bei Conny's Container, warten ein Vermeer für neunundvierzig und ein Mann mit Goldhelm für hundertneunundvierzig Euro auf Käufer. An einem Bauzaun unter der Hochbahn werben Plakate für Dia-Vorträge, hier hängen «Cuba», «Tibet», «Afrika» und «Bali-Borneo» nebeneinander, alle paar Meter steht eines dieser halben Surfsegel auf dem Bürgersteig, Windfähnchen in den Farben des jeweiligen Mobilfunk- oder Schnellkreditanbieters. Die Stelzen des Hochbahnviadukts, das fällt erst auf den zweiten Blick auf, sind nur bis zur Höhe des Gleisbetts gestrichen. Sieht aus, als hätten sie nur kurz in großen, grünen Farbeimern gestanden.

DAS WILDPLAKAT

Das Wildplakat ist ein parasitäres Medium, das auf Hauswänden, Altkleidercontainern und Bauzäunen klebt – überall dort, wo die Wahrscheinlichkeit, daß es beachtet wird, nur groß genug ist. Der größte Feind des Wildplakats – prominente Klebeflächen zeigen das jeden Tag – ist das Wildplakat. Auf dem Verteilerkasten Kastanienallee, Ecke Oderberger Straße beträgt die mittlere Sichtbarkeitsdauer eines Plakats beispielsweise kaum sechs Stunden. Kaum klebt eines, klebt ein anderes darüber. Spätabends, wenn die Plakatkleber mit ihren Leimeimern unterwegs sind, verkürzt die Sichtbarkeitsdauer sich drastisch. Errichtet wurden diese größeren Verteilerkästen, auf denen die Plakate wie Standbilder zu sehen sind, weil aus ihnen eines Tages superschnelles VDSL fließen soll. Auf ein Angebot von fünfzig Megabit warten die Anwohner allerdings schon Jahre, vergeblich. Alle paar Monate reißt ein engagierter Rentner, der letzte, der in der Straße wohnt, die Wildplakate ab, die in dicken Schichten Tages-, nicht Jahresringe ausbilden.

STREET ART

Was ist eigentlich Street Art, und warum gibt es davon in Berlin immer mehr? Handelt es sich da nicht bloß um Schmiererei auf Hauswänden und Bauzäunen, die von theorieverblendeten Bewunderern «Interventionen im öffentlichen Raum» genannt werden? Ist Street Art Sachbeschädigung oder vielleicht doch etwas mehr? Ist sie subversiv oder doch nur dekorativ? Ist Berlin insgeheim längst stolz darauf, die europäische, ach was, die Welthauptstadt der Street Art zu sein? Ist es nicht so, daß mit die teuersten Townhouses der Stadt gerade in den Bezirken entstehen, in denen die meisten Pochoirs – kleine, mit Schablonen gesprühte Bilder, die selten größer sind als DIN A4 – und die meisten Cutouts – die aus dünnem Papier geschnittenen, an Hauswände gekleisterten Klebefiguren – zu sehen sind? Sind die in Hauseingängen und Hausdurchgängen angebrachten Bilder nicht längst ein weicher Standortfaktor der Stadtquartiere? Ist es nicht so, daß Immobilienmakler und Projektentwickler Street Art lieben, solange sie nur originell und witzig und nicht zu kritisch oder gar verstörend ist?

Vielleicht kommen einige der vielen Touristen, die jedes Jahr in unsere schöne Stadt strömen, ja gar nicht, um die Architektur des Potsdamer Platz zu bewundern, sondern um Berliner Street Art zu sehen. Marschieren nicht Tausende von Touristen mit Kameras die Kastanienallee hinauf und hinunter und fotografieren kleine und große Klebebilder, bis ihre Speicherkarten voll sind? Warum gibt es denn Street-Art-Stadtführer mit herausnehmbarem Stadtplan, der Interessierten den Weg zu bestimmten Werken weist? Und warum sind auf Flickr und Picasa Hunderttausende mit *Berlin* und *Street Art* getaggte Fotos zu sehen?

Wer macht eigentlich Street Art? Und warum? Ist es der Spaß an der Freude, öffentlichen Raum auf anarchistische Weise mitzugestalten? Kommt es darauf an, ein Gegengewicht zur Werbung – die, was eigentlich gar nicht wundert, weil sie ja klaut, wo sie kann, eine Affinität zur Street Art entwickelt hat und deren Stil und Methoden kopiert und usurpiert – zu schaffen? Sähe die Stadt ohne ihr Graffiti nicht kahl und viel zu ordentlich aus? Wäre es ohne die mit Schablone gesprühten Porträtköpfe bekannter oder unbekannter Persönlichkeiten nicht langweiliger auf den Straßen? Ist es nicht schön, daß jemand das Antlitz von Harald Juhnke auf Bauzäune sprüht? Und daß es andere gibt, die Porträts von Rimbaud, Marlene Dietrich, Johnny Cash, Alfred Hitchcock, Bertolt Brecht, Diamanda Galas, Papst Ratzinger oder unser aller Goethe, um nur ein paar zu nennen, in die Stadtlandschaft sprühen?

Ist Street Art nun das neue Ornament der Stadt oder doch nur Sachbeschädigung? Ist es nicht so, daß das Bekleben einer Hauswand nicht einmal einen Strafbestand darstellt, weil Cutouts sich ja meist rückstandslos entfernen lassen? Und ist es nicht höhere Ironie, daß bei der Fassadensanierung eines Hauses in der Oderberger Straße um ein Paste Up, das zwei süße, aus Schüsseln essende Kinder zeigt (und sicher schon von Tausenden Besuchern des Cafés Kauf dich glücklich fotografiert wurde), herumrenoviert wurde?

Ist die Straße nicht der eigentliche, der einzige Ort der Street Art? Wird die Straße so nicht zur Galerie, in der die Hängung sich jeden Tag beziehungsweise jede Nacht ändern kann, weil immer wieder übermalt und abgerissen und überklebt oder renoviert wird? Ist es nicht schön, daß es Cutouts und Paste Ups – Ausnahme siehe oben – meist gar nicht lange zu sehen sind? Und trifft es nicht zu, daß in Galerien ausgestellte, dann oft für ebendiesen Zweck angefertigte, dann nur Street Art genannte Werke sogenannter Street-Art-Künstler meist öde, flach, ja oft sogar ein wenig dümmlich wirken? Und ist es nicht hanebüchen, daß – mittlerweile wurde die Geschichte schon öfter erzählt – ein scheinheiliger, zu Recht lieber unbekannt bleibender Sammler, den man nicht einen Sammler, sondern einen Dieb nennen sollte, der Stadt Berlin ein Graffito von Banksy, dem berühmtesten Street-Art-Künstler des Planeten, gestohlen hat? Ist es nicht verrückt, daß dieser Straßenkunsträuber zwei von Banksy einst auf der Wand eines Gebäudes auf dem Garnisonsfriedhof in Mitte mit Sprühschablone hinterlassene Ratten von einer Spezialfirma, die sonst Renaissancefresken sichert, vom Mauerwerk sägen ließ?

JUNGE ALTERSHEIME

Es werden immer mehr. Bald werden große Teile Berlins nur noch aus Youth Hostels bestehen. Sie wuchern in Wohnhäuser hinein, es gibt sie im Pfefferberg, am Rosenthaler Platz, überall in Friedrichshain und an Orten, wo vorher Brachen waren, in an- oder unansehnlichen Neubauten wie dem am Senefelderplatz. Dort werden nicht nur Übernachtungs-, sondern auch Übersichtsmöglichkeiten geboten. Betten stehen dort so dicht an den Panoramafenstern, daß Schlafgäste liegend auf die Schönhauser Allee hinunterschauen können. Und selbst sehr sichtbar im Fenster liegen. Was aber wird aus all den Herbergen, wenn es keine Billigflieger mehr gibt? Was, wenn Berlin eines fernen Tages reich und unsexy sein und es total uncool sein wird, nach Berlin zu kommen? Wird man die Hostels den veränderten demographischen Verhältnissen anpassen und in Altersheime umwandeln können? Die Avantgarde der Pensionisten hat sich die besten Plätze bereits gesichert. Seit Jahr und Tag gibt es den Ruhesitz am Zoo, ein Altersheim am Weinbergsweg und eines am Hackeschen Markt, den Höfen gleich gegenüber.

ECKE SCHÖNHAUSER

Vor der Sparkassenfiliale fehlt der Crêpeverkäufer, heute steht dort ein dünner Mann in einem alten Parka und reißt die Folie von einem Stapel Stadtmagazine. Eine junge Frau bleibt stehen, sie kauft eine Zitty.

Wo Rossmann war, ist nun Kochhaus. Wo der Kleiderladen Meldestelle heißt, war im ersten Stock das Einwohnermeldeamt. Es gab eine Stadtbücherei, ein kleines Stück in die Pappelallee hinein, der Kiosk unter dem Hochbahnviadukt ist verschwunden. Manchmal spielt dort eine Band mit Schlagzeug und einem Sänger, der in ein Megaphon schreit.

Drei Straßenzüge kreuzen sich unter der Hochbahn, drei Straßenbahnlinien fahren in fünf Richtungen. Wer den Bahnhof Eberswalder Straße noch Dimitroffstraße nannte, ist fortgezogen oder gestorben. Vor dem Krieg hieß die Station Danziger Straße, sie hat schon ihren dritten Namen.

Ich sitze am Fenster und schaue hinaus. Ein Mann geht vorbei, er sieht aus wie ein Schauspieler, dessen Name mir nicht einfällt. Ich sehe jeder Fahrradfahrerin hinterher, viele haben Kindersitze auf ihren Gepäckträgern.

Eine 12 kommt aus der Pappelallee und fährt quer über die Kreuzung in die Kastanienallee. Die 12 ist die Linie, die gleich zweimal hält, einmal vor, einmal hinter der Schönhauser. Dazwischen, so habe ich ein Kind es sagen hören, liegt die kürzeste Straßenbahnfahrt der Welt.

Hier war mal weit vor den Toren. Hier war Landstraße, es gab Ausflugslokale, Brauereien, die Danziger hieß «Communicationsweg», hier war Vorstadt. Eine M10 rollt Richtung Warschauer Straße, eine U2 Richtung Pankow.

Georges Perec saß 1974 in Paris an der Place Saint-Sulpice und hat alles aufgeschrieben, ein paar Nachmittage lang notierte er Passanten und jeden Bus, der vorüberfuhr. Der Text, der entstand, heißt auf Deutsch *Versuch einen Platz in Paris zu erfassen*. Der Originaltitel *Tentative d'épuisement d'un lieu parisien* verrät allerdings, daß Perec viel mehr und eigentlich etwas Unmögliches versuchte: Er wollte einen Ort erschöpfen.* Ein – Perec weiß das natürlich – aussichtsloses Unterfangen, ein Ort läßt sich nicht so leicht erschöpfen. Eine M1 kommt aus der Kastanienallee und biegt in die Schönhauser, sie spiegelt sich unter dem Viadukt.

Ein Mann mit Bart fährt auf einem Damenrad, neben ihm geht eine Frau mit einer goldenen Digitaluhr am rechten Arm. Sie trägt sehr enge Jeans und ein weißes T-Shirt und hat die Lippen sehr rot. Die Straße ist ein langer Laufsteg, eine blonde Frau in einem kurzen Rock trägt ein Baguette vorbei. Und mir ist so, als flüsterte die Kreuzung fortlaufend Versprechen. Eine U2 fährt Richtung Ruhleben.

Der Film *Berlin – Ecke Schönhauser* beginnt mit einem langen Schwenk über diese Straßen, er zeigt, wie grau und wie schön diese Kreuzung in den fünfziger Jahren war. Das französisch inspirierte Café Manolo, in dem ich sitze, will aussehen, als hätten die Halbstarken des DEFA-Propagandakitschfilms schon damals vor seiner Tür herumlungern können. Dabei befand sich in diesem Ladenlokal vor kurzem noch ein Humana («First Class Second Hand»), der Stuck an der Decke ist neu. Zufällig kenne ich die Bühnenmalerin, die

---

* Die englische Übersetzung heißt deshalb auch *An Attempt at Exhausting a Place in Paris*.

engagiert wurde, um hier kurz vor der Eröffnung künstliche Patina anzubringen, sie malte Staub in die Ecken, Gilb an die Wände und Abnutzungserscheinungen auf die Theke.

Zwei Jungen mit Rucksäcken schlurfen vorbei, beide haben Skateboards unter den Armen. Eine ältere Frau trägt zwei Rewe-Tüten. Ein Lieferwagen mit der Aufschrift «Besam» hält in zweiter Reihe, ich kann nicht erkennen, um was für eine Branche es sich da handelt. Lerne dann aber, daß ein Hersteller von Schiebetürantrieben so heißt. Die Frau, die hier seit Jahren bettelt, spricht eine Passantin an der Ampel an.

CURRYWURSTBUDEN

Nur Gehminuten von einer der bekanntesten Currywurstbuden der Stadt entfernt – Konopke unter der Hochbahn
am U-Bahnhof Eberswalder Straße – zeigt eine kleine Galerie, wie sich Architekten die Zukunft der Currywurstbude
vorstellen. Es gab einen kleinen Wettbewerb, der Ausstel-
lungsraum versammelt die Entwürfe, in denen die Buden
teils bizarre Formen annehmen und zu an Robert Venturi
geschulten großen Würsten werden. Oder sich aus Segmen-
ten, die an Currywurstscheiben erinnern sollen, zusammen-
setzen. Ein Entwurf installiert einen Currywurstgrill unter
einer Haube aus Cor-Ten-Stahl, was nicht nur auf den ersten
Blick so aussieht, als könnten da nur Richard-Serra-Curry-
würste gebraten werden. Es gibt Pläne, die aus der Currywurst ein Trendprodukt machen wollen, mit Papiertütchen,
auf denen dann «I love curry» steht. Und statt «love» ist ein
kleines Herzchen zu sehen. Das ist natürlich nicht so neu und
beschreibt das Verhältnis, das man zur Currywurst haben
kann, eigentlich nicht richtig. Die Currywurst wird nicht ge-
liebt, sie wird gegessen. Eine Currywurst wird nie wie Sushi
sein, es wird auch keine Currywurst mit Salat geben. Wer
eine oder zwei oder drei Currywürste ißt, weiß schon, daß er
danach auch trinken wird. Oder erinnert sich vielleicht noch
oder vielleicht auch nicht mehr, daß er schon getrunken hat.
Und wer eine Curry mit oder ohne ißt, weiß, daß er etwas
ißt, was er besser nicht essen sollte. Jede Ernährungsberate-
rin der Krankenkasse riete ihm ab. Trotzdem wird sie gegessen. Vielleicht gerade deshalb.

Die Jury des Wettbewerbs vergab nach langer Beratung (zu deren Abschluß man sich nach Auskunft der Galeristin mit Currywürsten stärkte) zwei erste Preise. Die eine Lösung versteckt die Bude in einem verspiegelten Kubus, in dem sich die Hohlform eines Imbißanhängers befindet. Das ist die Bude, die eigentlich nicht mehr da ist. Und deshalb nicht mehr stört. Und daher, so stellt die Grafik des Entwurfs sich das vor, auch auf dem Pariser Platz stehen könnte. Umgebungsgetarnt wäre diese Currywurstbude somit sogar adlonkompatibel. Aber, fragt sich der Currywurstesser, wer möchte an einer unsichtbaren Imbißbude essen? Wer findet sie überhaupt? Was soll ich an einer Bude, die sich gar nicht mehr traut, Imbißbude zu sein? Muß die Currywurst sich verstecken? Wer schämt sich denn da? Imbißbuden sollen doch, wie Tocotronic in *Meine Freundin und ihr Freund* singen, Orte der Wahrheit und der Geständnisse sein.

Fast alle Entwürfe haben, das fällt auf, die Räder vergessen. Architekten denken eben, wer wollte ihnen das verübeln, eher in Immobilien. Und nicht so sehr an die Mobilität. Sie entwerfen lieber kleine Currywursttempel, deren Überreste noch nach zweitausend Jahren gefunden werden könnten. Dabei ist die klassische Imbißbude ja meist ein mehr oder weniger verkleideter Anhänger mit drumherum improvisierter Anti-Architektur. Vordächern, Windschutzwänden, Werbesonnenschirmen, Stehmöblierung und, wenn überhaupt, Plastikcampingstühlen. Der Imbißbudenbesitzer kann seinen Wagen, wenn es hier nicht mehr so läuft, auch auf einen anderen Stellplatz ziehen. Auf einen Wochenmarkt, auf ein Trümmergrundstück, auf einen Rastplatz an einer Ausfallstraße. Steht so eine Imbißbude eigentlich irgendwo schon unter Denkmalschutz? Hat das Deutsche Historische

Museum eine Currywurstbude, komplett mit Langnese- und Coca-Cola-Fähnchen, handgeschriebener Speisekarte, Dosenbier und hartgewordenen Friteusenfettspritzern in seiner Sammlung? Wenn nicht, es wird höchste Zeit, denn einige der Verhübschungsideen machen angst.

Der schönste und ehrlichste Entwurf, zu Recht mit dem zweiten ersten Preis des Currybudenwettbewerbs ausgezeichnet, trägt den schlichtesten Namen, er heißt nicht wortspielbemüht «Im Biss» oder «SBar», sondern «Imbiß Erika» und tut gar nicht so, als wolle er irgend etwas anderes als eine Imbißbude sein. Der Berliner Architekt Markus Popp zeichnet eine vereinfachte, reduzierte Bude und produziert so einen Archetyp, der sein Imbißbudensein nicht verleugnet. Da darf es im Mahagonifoliendekor auch nach Fritierfett riechen. Das gehört ja dazu.

Vielleicht, die Anzeichen mehren sich, neigt das klassische Zeitalter der Imbißbude sich seinem Ende entgegen. Da, wo es keine Brachen mehr gibt, gibt es auch keine Buden mehr. Am Potsdamer Platz steht keine Currywurstbude, Sony und Daimler erlauben, wieso sollten sie, in ihrer Privatstadt keine. Heute drücken die hochmobilen und vergleichsweise wenig Kapitaleinsatz erfordernden Grillwalker sich um die U-Bahn-Ausgänge herum. Als Grillwalker ist der Mensch sich seine eigene Bude und steht, so könnte man es aus dem Mund von René Pollesch hören, als Beute mit Bauchladenerlaubnis im verbliebenen öffentlichen Raum der Stadt. Der Grillwalker schwitzt vorne und friert hinten, und wer da eine Wurst kauft, kann sich nicht mal anlehnen.

WEIHNACHTLICHER BUDENZAUBER

Auf einmal sind sie wieder da, Hüttendörfer, von Tannenbäumen umstellt. Auf dem Gendarmenmarkt, vor dem Roten Rathaus und auf dem Alexanderplatz – Weihnachtsmärkte überall. «Ob-La-Di, Ob-La-Da» dröhnt es durch die Buden, die in langen Reihen neben dem Opernpalais stehen. Aller mögliche Krimskrams hat hier eine Hütte gefunden, jede von ihnen, dies ist der «Nostalgische Weihnachtsmarkt», trägt ein in Fraktur beschriftetes hölzernes Schild. «Kunst aus Peru» und «Chinesisches Kunsthandwerk» werden angeboten, es gibt Objekte aus Mango- und Olivenholz und Holzspielzeug. Dinge aus Holz, diesem vertrauenerweckenden, antimodernen Material sind überhaupt stark vertreten, dazu alle möglichen Sachen, die gut duften. Seifen und wieder Seifen, gebrannte Mandeln, Düfte in Aromalampen, Bratwürste, Glühwein, Salmiakbonbons, «Kekse wie von Oma», Fettgebackenes, Fetttriefendes und wieder Glühwein. Der Reigen seliger Düfte, der Holzfeuerrauch und der Duft der gerösteten Maronen verraten es: So ein Weihnachtsmarkt ist eigentlich eine Geruchslandschaft. Oder eine Inszenierung verschiedenster Gerüche, die nun, zu einer Jahreszeit, in der es fast immer dunkel ist, um so intensiver wirken. Weihnachtsmarktbesucher wandeln geruchsgesteuert.

Der 1. Musikzug der Berliner Feuerwehr steht auf einer Bühne, sieben ältere Herren in schmucken dunkelblauen Uniformen spielen Blasmusik. Niemand hört ihnen zu. Am Glühwein-Oktogon sagt ein Schild «Bei uns können Sie mit Mark bezahlen, Kurs 2 zu 1». Ach, es ist wirklich ein nostalgischer Weihnachtsmarkt. Noch recht leer hier, von Gewimmel, laut Siegfried Kracauer notwendiger Bestandteil der hölzernen Städte, keine Spur. Ob das an der Terrorwarnung der letzten Woche liegt? Eher nicht. Es regnet, und es ist noch November. Aber man kann, das geht ganz leicht, sich jeden Weihnachtsmarkt schöntrinken. Am besten natürlich in einer Gruppe, nach der Arbeit, mit Kollegen. Und nach ein, zwei, drei Bechern Glühwein schmecken auch fette Würste gut.

Von den letzten Buden, die sich fast malerisch um die Friedrichswerdersche Kirche gruppieren – eine von ihnen hat Hundelutscher, Schweineschnauzen aus Gummi und Hundebananen im Angebot, eine andere antiquarische Bücher –, sind es nur ein paar Schritte zum nächsten Weihnachtsmarkt auf dem Gendarmenmarkt. Die «S-Klasse unter den Weihnachtsmärkten», wie die Berliner Zeitung einmal schrieb. Dort den inneren Bereich zu betreten kostet einen Euro, in preußelnde Theateruniformen gekleidete Dreispitzträger dirigieren die Besucher Richtung Kassenhäuschen. Innerhalb der Absperrung gibt es, auch hier sind alle Stände hübsch beschriftet, «Fairtrade aus dem Königreich Swaziland», «Feine Brüsseler Waffeln» und «Originelles Briefpapier».

Am Tag der Eröffnung stand da ein müde wirkender Regierender Bürgermeister auf der großen Bühne vor Schinkels Schauspielhaus, die Hände leicht resignativ in den Manteltaschen. Neben ihm und ein paar Prominenten (von denen der Berichterstatter, sein Fehler, leider niemanden kannte) hampelte ein Bär mit goldener Pappkrone herum. Der Bär war natürlich kein echter Bär, sondern eine Person, die in einem braunen Bärenkostüm steckte, sein grobmotorisches Bewegungsrepertoire ähnelte dem des Hertha-Maskottchen Herthinho. Wowereit und der Bär, Hand und Tatze drückten schließlich gemeinsam auf einen roten Knopf, mit dem die über hunderttausend Lichtpunkte im gar nicht so großen Weihnachtsbaum angeschaltet wurden. Der Weihnachtsmarkt unter der großen Diskokugel im Giebel des Konzerthauses war eröffnet, fast soviel Sicherheitspersonal wie Besucher waren dabei. Die Schatten auf dem Portikus des Konzerthauses sahen wie dort postierte Scharfschützen aus, dann aber war doch zu erkennen, daß es sich nur um den steinernen Figurenschmuck handelte. Ein weißer, von unten angestrahlter Engel schwebte am Ausleger eines Autokrans über den Markt, vom Himmel hoch da winkte er runter, machte Schwimmbewegungen in der Luft und ließ Glitterkonfetti (aber das sollte wohl Schnee sein) durch den Regen auf den Gendarmenmarkt rieseln. Wie schön.

Vor soviel ernstgemeintem Kitsch kann, wer möchte, immer in eines der gut geheizten Konsumzelte flüchten. Deren Eingänge werden, um nur ja nicht zu vergessen, worum es hier eigentlich geht, links und rechts von temporären Geldautomaten flankiert. Das Bargeld für die Leistungsschau des Edeltands, der schönen, geschmackvollen Dinge – ja, es gibt sie noch –, soll den Kaufseligen auf dem Weihnachtsmarkt der besseren Stände nur ja nicht ausgehen.

Ganz anders die Stimmung auf dem Alexanderplatz, ein paar U-Bahn-Stationen weiter. Auf einer kleinen, temporären Eisbahn laufen Kinder im Nieselregen Schlittschuh, wie immer auf Eislaufbahnen zu herrlich schlechter Popmusik. Ein dicker Sicherheitsmann steht vor einer großen, hölzernen Saufhütte, ihre Fensteröffnungen sind mit aus Kunststofffflies geschnittenen Eiszapfen geschmückt – Eiszapfen, die im Wind hin und her flattern. Hütten und Buden bewalden fast den gesamten Platz, wuchern am Alexa, der Mall im häßlichsten Gebäude Berlins, vorbei, bis hin zum großen

Weihnachtsrummel auf dem Pfützenparkplatz an der Alexanderstraße. Das ist der Weihnachtsmarkt, den Berliner Kinder meinen, wenn sie auf den Weihnachtsmarkt wollen.

Ein kleines Riesenrad lockt (in Charlottenburg wird's ja so bald kein ganz großes «Berlin Wheel» geben), die Losbude Cesar's Palace verspricht Plüschgewinne, und die Berg-und-Tal-Bahn wurde für diese Wochen in «Weihnachtstanz» umgetauft. Nur zwei Personen fliegen im Star-Flyer, dem Kettenkarussell, das an einem Mast sehr weit hinauf in den Nachthimmel steigt. Und natürlich, beim Blick nach oben wird deutlich: Dieses Fahrgeschäft ist eine ins Gigantische vergrößerte Weihnachtspyramide. Wo sich auf anderen Weihnachtmärkten nur kleine Holzfigürchen drehen dürfen, kreisen hier echte Menschen im warmen, flackernden Licht unterm Flügelrad.

Die Kirmesattraktionen haben sich kaum verändert: Autoscooter, Entenangeln, Wurfringe, mit Dartpfeilen auf Luftballons werfen. Auf dem Rummel kann einem viel nostalgischer werden als bei den Objekten aus Mango- und Olivenholz am Opernpalais. Und nach Fritierfett und Glühwein stinkt es hier auch. Ja, hier gefällt sogar Jingle Bells, das leicht verzerrt aus den Lautsprechern plärrt.

Vorweihnachtliche Besinnlichkeits-Beschwörung, Gefühlsduselei und Konsumterror gehören zusammen, ja bedingen einander wahrscheinlich. Der Weihnachtsmarkt ist der Ort, an dem man das Getränk, das zu dieser Gemengelage paßt (warmer Fusel), zu sich nimmt oder in sich hineingießt und nicht weiter nachdenken will. Vor allem nicht über Terroranschläge. Trotzdem, ein Gedanke noch am Glühweinstand: Ein tatsächlicher Terroranschlag, darin liegt eine perfide Ironie, würde sehr plötzlich eine echte, ehrliche Besinnlichkeit herstellen, eine, wie sie damals, man erinnere sich, am Abend des 11. Septembers 2001 ausbrach, als selbst in dieser säkularisierten Stadt Zehntausende in die Kirchen strömten, als ob auf einmal schon im September Heiligabend wäre. – Ich will aber immer selbst entscheiden können, ob ich auf den Weihnachtsmarkt oder in die Kirche gehen will, dröhnt da eine Glühweinstimme, ich will mir von keinem verblendeten Rucksackbombenträger, der Probleme mit unserer freiheitlichen Grundordnung hat, Besinnlichkeit verordnen lassen. Und mich außerdem mit so viel ungesundem Zeug und gebrannten Mandeln vollstopfen dürfen, wie ich möchte.

Zugegeben, es trinkt sich ganz gut auf dem Weihnachtsmarkt seiner Wahl, die Stadt ist groß, es gibt noch viele andere. Innerlich gewärmt, fuselbeduselt und daher halbversöhnt, läßt es sich aushalten zwischen all den abgeschnittenen Tannenbäumen. Sieht so aus, als wäre der Wald zurück in der Stadt.

DER STECHLIN

Ortstermin mit einem See im Wald im Norden von Berlin, für den Theodor Fontane in seinem letzten Roman ein Vulkan-Fernmeldesystem erfunden hat. Wenn «es weit draußen in der Welt, sei's auf Island, sei's auf Java, zu rollen und zu grollen beginnt oder gar der Aschenregen der hawaiischen Vulkane bis weit auf die Südsee hinausgetrieben wird», soll es auch am Stechlinsee lebendig werden. «Dann regt sich's auch hier, und ein Wasserstrahl springt auf und sinkt wieder in die Tiefe.» Wie sieht es aus an diesem geheimnisvollen See an einem Tag im April im Jahr der Beben 2010?

Alles still hier. Kein Mensch zu sehen. Fontane hat recht, «kein Kahn zieht seine Furchen, kein Vogel singt». Doch halt, ich höre einen Kuckuck, später einen Specht. Zwei Windstärken und kleine Wellen begrüßen mich am See, der noch immer, wie vor über einem Jahrhundert beschrieben, daliegt, «rundum von alten Buchen eingefaßt, deren Zweige, von ihrer eignen Schwere nach unten gezogen, den See mit ihrer Spitze berühren». An einigen Stellen sind heute ganze Stämme ins Wasser gesunken, das, immer in Bewegung, ans Ufer schlägt, als wolle es mit seinem beständigen Gluckern etwas erzählen. Höre ich es nicht schon brodeln? Höre ich den Eyjafjallajökull?

Tief ist der Stechlinsee. Tiefer als alle anderen Seen Norddeutschlands. Trotzdem, er ist kein Vulkansee, kein Maar, sondern bloß ein aus einem abgetauten Toteisblock entstandener Eiszeitsee. Still und tief und klar ruht der See. Klar, aber nicht so klar, daß der Grund des Sees sichtbar wäre. Sonst wäre vielleicht eine Melusine zu sehen, eine Undine oder ein kleiner Wassermann, die bestimmt, ich bin mir sicher, da unten wohnen, in neunundsechzig Meter Tiefe. Und vielleicht schwimmt da unten auch ein sehr alter Karpfen. Einer, der schon da schwamm, als Fontane hier am Ufer saß und sich seinen Roman mit der Vulkan-Fernmelde ausdachte.

Der See ist das Medium, der See ist Orakel. Das System des kommunizierenden Vulkanismus ist Fontanes Metapher für die neuen Medien der späten Kaiserzeit, die so wie sein Stechlinsee anzeigen, was anderswo geschieht. Auffallend oft ist auf den ersten Seiten des Romans von Zeitungen, Telegrammen und vom Telefonieren die Rede. Der Vulkanismus, der im Buch so oft auftaucht, obwohl er doch größtenteils in der geologisch sehr unvulkanischen Mark Brandenburg spielt, liefert natürlich auch ein Bild für die Veränderung der preußisch-wilhelminischen Gesellschaft. In der unter der alten, hier und da schon brüchigen Schale das soziale Magma brodelt. Fontane ahnt das nicht bloß, er zeichnet das in seinem politischsten Roman genau auf. Seitenlang werden Gespräche geführt, über die Armee, den Adel, die Kirche und die Sozialdemokratie.

«Und ich weiß auch, daß man einen Ausbruch erwartet. Vielleicht erleben wir's noch», sagt Woldemar, der junge Herr von Stechlin, im vorletzten Kapitel, da ist er mit seiner Frau auf Hochzeitsreise in Italien. Von Capri aus betrachtet das Paar den Vesuv. «Das wäre herrlich», meint die Gemahlin, und man möchte den beiden zurufen: Ja, ihr werdet ihn noch erleben, den großen Ausbruch. Nur noch anderthalb Jahrzehnte, dann bricht euer Erster Weltkrieg aus – und nachher wird alles ganz, ganz anders sein.

Ich sitze auf einem Baumstamm, der halb im Wasser liegt. Regt sich da etwas unten im See? Ein kleiner Wassermann?

Doch ein Karpfen? Ein Karpfen, natürlich aus dem eigenen Gewässer, wird während des ersten Abendmahls des Romans verspeist. Der junge Woldemar von Stechlin und seine beiden Regimentskameraden Rex und Czako sind von Berlin zum See geritten, um den alten Dubslav von Stechlin an seinem Gestade zu besuchen. Und wie es sich für ein Abendmahl gehört, gibt Fontane dem Leser zum Abendmahl auch ein Gleichnis. Ein Karpfengleichnis. Als der Fisch auf dem Teller liegt, fragt Regimentskamerad Czako, «welche Revolutionen an diesem hervorragenden Exemplar seiner Gattung wohl schon vorübergegangen sind». Er taxiert den Karpfen auf hundertfünfzig Jahre und vermutet, er habe «als Jüngling die Lissaboner Aktion [gemeint ist das Erdbeben] und als Urgreis den neuerlichen Ausbruch des Krakatowa mitgemacht». Wie aber, fragt er sich nun, hat er wohl all die Umwälzungen, das Tosen und das Brausen im See überlebt? Der alte Stechlin gibt eine einfache Erklärung: Der Karpfen sei dumm und also eigentlich schlau, er vergrabe sich im Schlamm und überlebe so jede Revolution. Ein wenig klingt das so, als spreche Dubslav da über sich selbst und über all das, wofür er steht.

Der Roman weiß die Stelle, an der das Gewässer Kontakt mit anderen Vulkanen aufnimmt, genau zu bezeichnen: «Nun, von der Steinbank aus keine zwei Bootslängen in den See hinein, da haben Sie die Stelle, die, wenn's sein muß, mit Java telefoniert», heißt es, als der Besuch herumgeführt wird. Telefoniert? Ich ziehe mein Telefon aus der Manteltasche und schaue die neuesten Bilder vom Eyjafjallajökull an. Vielleicht sagt der See mir gleich, ob sein großer Bruder bald ausbricht? Ich hätte, das fällt mir jetzt ein, als ich es in der Hand halte, den Stechlin ja auch auf meinem Telefon lesen können. Das dicke Buch – ein antiquarisch erstandenes Exemplar der alten

Aufbau-Ausgabe von 1984 – hätte ich gar nicht mitschleppen müssen. Der Text steht frei im Netz. Was der alte Dubslav, der nicht mal Telegramme leiden konnte, dazu gesagt hätte?

Ich sitze am See und lese auf meinem Telefon, aber der See ruft nicht an. Er scheint heute nicht zu telefonieren. Morgen wieder? Übermorgen? Die erste Stechmücke des Jahres setzt sich auf meine Hand, und die Sonne malt helle Flecken auf den Waldboden mit den braunen Blättern vom letzten Jahr. Der Wald selbst ist noch fast farblos, die Knospen der Buchen sind noch nicht aufgegangen. Ich schaue aufs Wasser, ich halte weiter Ausschau. Und stelle mir die alte Frage, welche Farbe das Wasser eigentlich hat. Hier ist es grün, dann grau, dazwischen graublau, rauchgrau, dann tintig, dann flaschengrün wie die Flaschen, die früher in den Glashütten der Gegend hergestellt wurden. Auch das weiß ich von Fontane, aus seinem *Stechlin*.

Immer noch kein Mensch nirgends. Und viele waren noch nicht da dieses Jahr. Auf dem Uferpfad haben Bucheckern gekeimt, kleine Baby-Buchen strecken sich durch Laub. Alt werden sie da nicht werden. Ab und an, es wird fast ein wenig unheimlich, hört es sich so an, als ginge einer hinter mir. Ist da jemand? Herr Fontane? Herr Stechlin? Ich drehe mich um, niemand zu sehen. Wieder war es nur eine Welle, die mit einem saugenden Geräusch an die Uferböschung geschlagen hat.

In der nächsten Bucht frischt es auf, der Wind geht plötzlich mit vier, dann mit fünf Beaufort, ein Tosen hebt an, die Wellen teilen sich, ich sehe den Wasserstrahl, der Vulkan ruft an – ja, doch, ach, nein. Ich habe mich getäuscht. Kein Geysir im Stechlinsee, es ist nur der schlanke Turm des stillgelegten Kernkraftwerks Rheinsberg. Die Atomruine der DDR, die über den Hügel ragt. Die ist der Überrest einer anderen

Geschichte, von der weder Fontane noch sein Dubslav etwas ahnen konnten. Der Schlamm, in dem die großen Fische sich verstecken, ist heute schwach radioaktiv verseucht. Der alte Fontanekarpfen, wenn er denn noch da unten schwimmt, wird das hoffentlich überleben.

SCHERBEN

Zum unverzichtbaren Accessoire vieler junger und nicht mehr so junger Menschen dieser Stadt gehört die Bierflasche. Tagsüber, abends, unter der Woche, am Wochenende, auf der Straße und im Park – das Bier to go ist überall dabei. Leere Flaschen stehen bald im Rinnstein oder zerbrechen, bevor die Pfandsammler kommen. Seit es keine Bierdosen mehr gibt, liegen überall Scherben. Deren Häufigkeit auf den Gehwegen ist mittlerweile ein Indikator für die Beliebtheit eines Viertels, weshalb sogenannte Szeneviertel heute auch Glasscherbenviertel heißen könnten – eine Bezeichnung, die vor dem Krieg sozialisierte Menschen sonst für heruntergekommene und anrüchige Gegenden verwenden und nicht für solche, in deren letzte Lücken nun Loft- und Townhäuser gequetscht werden. Die vielen Scherben, das hat ein Mann mit poetischem Geschäftssinn erkannt, sind heute symbolisches Kapital. Mit einer großen Tüte steht er hin und wieder auf der Kastanienallee und verkauft sie. Ganz besonders schöne, sagt er. Gegen das Licht gehalten leuchten sie smaragdgrün. Nur ein Euro das Stück.

DIE NEUE ROSTLAUBE

«Die FU ist eines der wichtigsten Gebäude des zwanzigsten Jahrhunderts», war kürzlich in der einflußreichsten deutschen Architekturzeitschrift zu lesen. Tatsächlich? Nach den wichtigsten Gebäuden des zwanzigsten Jahrhunderts befragt, wären mir lange andere eingefallen, bevor ich auf die Rostlaube gekommen wäre. Obwohl ich selbst ein paar Jahre dort verbracht habe. Oder liegt es vielleicht gerade daran? Zeit also, wieder einmal nach Dahlem zu fahren und die Freie Universität zu besuchen.

Wer die Rostlaube heute betritt, bewegt sich durch ein geklontes Gebäude. Alles wie immer, nur noch nicht benutzt. Keine Kritzeleien und die festgeschraubten Drahtgitterbänke sind frisch lackiert. Alles neu, als hätte hier kein Zahn der Zeit genagt. Träume ich? Habe ich das alles nicht viel heruntergekommener gekannt? Was ist geschehen? Die Rostlaube ist wiederauferstanden, Reichstagsarchitekt Sir Norman Foster hat sie grundsaniert. Hat sie demontiert und ohne ihre berühmte Rostfassade wieder aufgebaut. Sie hat nun eine Außenhaut aus dunkler Baubronze, wie sie in Westdeutschland an vielen älteren Commerzbank-Bauten zu sehen ist. Mit der Zeit wird sie sich verfärben. Natürlich patinieren, wie es heißt, aber nicht rosten, wie der Cor-Ten-Stahl, aus dem sie zuvor bestand.

Der Entwurf der Architekten Candilis, Josic und Woods von 1963 war ein architektonisches Versprechen: Er richtete sich gegen die wuchtigen, in die Höhe stapelnden Großstrukturen der sechziger Jahre. Die FU sollte flach sein und offen, mit vielen Durchwegungen. Das Gebäude hat sanft ansteigende Rampen und überall Glas. Immer bewundert: die gebogenen, über Eck reichenden Fenster. Shadrach Woods wollte ein polyzentrisches Gebilde, die Struktur aus Instituten, Hörsälen, Seminarräumen, Straßen, Gängen und Wegen sollte Studenten und Professoren in einen permanenten Austausch bringen. Einen «wirkungsgierigen Grundriß» nennt das die *Bauwelt*, die das Gebäude heute so bewundert. Einen Grundriß, der eine offene, horizontal organisierte Stadtgesellschaft ermöglichen und gleichzeitig symbolisieren soll. Die romantischen Vorbilder, an heißen Sommertagen von einer der vielen Flachdachterrassen vielleicht fern am Horizont sichtbar, waren die arabische Kasbah, das rechteckige Raster der Stadt Aigues-Mortes in der Camargue und der noch mittelalterlich geprägte Straßenzug von Paris, in denen sich das Büro der Architekten befand.

Es war eine internationale Sensation, als das Land Berlin damals beschloß, diesen Entwurf zu bauen. Der Universitäts-Teppich, wie das Großgebilde damals genannt wurde, sollte sich tatsächlich über das «Dahlemer Ostbaugelände» legen. Im Juni 1967 wurden die ersten Bäume gefällt, im Februar 1973, nach fünfjähriger Bauzeit, fast zehn Jahre nach dem Entwurf, war der erste Abschnitt fertig. Und wurde schon «Rostlaube» genannt. «Cor-Ten-Stahl hat die Eigenschaft, eine wartungsfreie Rostschicht zu bilden. Reparaturen entfallen für immer» hieß es damals. «Nach etwa drei Jahren – das wird 1974 der Fall sein – ist der Korrosionsprozeß beendet und auch der gewünschte Farbton vorhanden. So jedenfalls wird es von den Architekten behauptet.» Die leichte Skepsis, die da mitklingt, scheint im Nachhinein berechtigt. Denn der Korrosionsprozeß war 1974 keineswegs beendet. Der Korrosionsprozeß hat nie aufgehört. Die Cor-Ten-Stahlplatten haben nicht, wie gedacht, Jahrhunderte gehalten, sondern sind einfach durchgerostet. Und wo heute Gebäudeteile noch das alte, originale Fassadenkleid tragen, rosten sie weiter vor sich hin und werden von silbernem Klebeband zusammengehalten.

Dabei war die Idee so gut. Die feingliedrige Fassade, von dem französischen Konstrukteur Jean Prouvé in einem separaten Wettbewerb entwickelt (er hielt sich an das Modulor-Raster von Le Corbusier), konnte mit variablen Füllungen versehen werden. Neben Fenstern und Glaseinsätzen auch mit den berühmten «Bücherbuchten». Das sind auf der Innenseite in die Fassadenelemente eingelassene Regale. Die Dienstzimmer der Professoren wirkten deshalb oft wie kleine Raumstationen, was manche mit Biedermeiersofas zu konterkarieren versuchten. Theoretisch hätte jeder zur Ratsche greifen können und Wandelemente nach seinen Wünschen de- oder montieren können. Alles war flexibel, offen für Veränderung. Theoretisch. Theoretisch war es ein tolles Gebäude. Bis die Fassade durchrostete, weil das Geheimrezept, nach dem Thyssen den Spezialstahl kochen sollte, angeblich nicht stimmte. Und bis festgestellt wurde, daß in dem gesamten Komplex einige Tonnen Asbest verbaut worden waren. Ende 1990 wurden Rost- und Silberlaube für Monate geschlossen, die Decken wurden abgeklebt, und plötzlich standen überall an Märklin-Metallbau erinnernde Lochblechstützen im Weg. Der erste «Dahlemer Fenstersturz» lag da schon fast eineinhalb Jahrzehnte zurück: Beim Öffnen eines Fensterflügels war ein ganzes Fenster mit Rahmen aus der Halterung gebrochen. Interne Rundschreiben der FU gaben von da an Anweisungen zur «Vermeidung von Unfällen beim Öffnen der Fenster». Bereits im Oktober 1976 wies ein Gutachten der Bundesanstalt für Materialprüfung darauf hin, daß eine neue Fassade nötig sei. Und schwupps, schon heute, nur neunundzwanzig Jahre später, hängt sie da, die neue Fassade. Teilweise wenigstens. Immerhin.

Ich schreite auf dem neuen, flammenroten Teppich durch den K-Gang. Alles wirkt erleuchtet. Und ich möchte mich gar nicht daran erinnern, daß es während der frühen neunziger Jahre Konsens war, ja, zum guten Ton gehörte, dieses Gebäude grausam, ja mißlungen zu finden. Jeden Müdigkeitsanfall schob man auf diese gebaute Unmenschlichkeit, jedes Husten auf Asbest. Dieses angeblich so unübersichtliche Gebäude war an allem schuld. Dabei bot es ein realistisches Abbild der Zustände an deutschen Universitäten: heruntergekommen, unterfinanziert, überlastet, überfüllt. Verziert oder verunstaltet, das konnte jeder für sich entscheiden, durch die während der Streiksemester angebrachten Wandmalereien. Abgenutzt. Und eines Morgens, als wieder einmal eine Besetzung befürchtet worden war, hatte man an der Tür zum K-Gang die originalen Türgriffe, die sich mit Fahrradschlössern so leicht verbarrikadieren ließen, durch billigste Baumarkt-Plastikgriffe ersetzt. Das sah entsetzlich aus. Und beleidigte von da an jeden Tag aufs neue.

Auch der von den Architekten eigentlich erhoffte Austausch mit den Dahlemer Ureinwohnern fand nicht statt. Die Nachbarn in ihren Villen deuteten die vielen Türen in der Stahlfassade nicht als romantische Seiteneingänge einer südfranzösischen Stadtumfriedung. Sie kamen nicht zum Wissensbummel auf die J-, K- oder L-Straße. Die Anziehungskraft der *rues corridors* wurde überschätzt, dem künstlichen Straßennetz fehlt eine zusätzliche Funktion. Es gibt da auch heute keine Geschäfte. Erst die von den Studenten selbst betriebenen Cafés – darunter der berühmte Rosa Salon und das Frauen- und Lesbencafé Furiosa – brachten Belebung. Dahlemer Witwen waren hingegen eher selten zu sehen. Statt dessen gründete sich, aber das geschah bereits 1975, eine Bürgerinitiative namens «Bürger gegen die Zerstörung Dahlems» und protestierte gegen einen weiteren Ausbau der Universität und die weitere Wohnraum-, d. h. Villenzweckentfremdung durch universitäre Nutzer.

Mit der Idee, die Umgebung einzubeziehen, ist Shadrach Woods gescheitert. Für den geforderten «permanenten Austausch» sorgt das Haus jedoch. Man begegnet sich immer wieder. Spatzen fliegen herein und picken die Kuchenkrümel auf. Und auf dem Gang vor den Cafés, die es vielleicht bald wieder gibt, auf dem Teppichboden oder auf den ungemütlichen Drahtgitterbänken sitzend, haben wir am meisten gelernt. Sagen viele, die sich daran erinnern. Damals war dieses gar nicht so unangenehme Gefühl dabei, in der Ruine einer Utopie unterrichtet zu werden. Die war hier und da schon halb überwuchert. So versinken Städte, wurde da sinniert, so sah Rom im siebten Jahrhundert aus. Und es war da, auf dem abgeschabten, von Brandflecken übersäten Teppichboden am Ende immer noch angenehmer und vor allem wärmer als in einer herbstwinterfeuchtkalten Ofenheizungswohnung irgendwo im richtigen Berlin.

Was ist denn da gelandet, frage ich mich, wieder in der Gegenwart, durch den K-Gang gehend. Steht da nun ein großes Gewächshaus? Ein sanft silbrig-weißes Etwas wölbt sich über die Flachdächer. «Das ist die neue Bibliothek», erklärt mir eine schon gut informierte Erstsemesterin. Das Büro des Meisters Foster hat nicht nur die denkmalpflegerische Sanierung geleitet, sondern hier, mitten in den Universitäts-Teppich von Shadrach Woods auch ein großes Ei gelegt, in dem nun elf ehemals getrennte Fachbereichsbibliotheken vereinigt sind.

Während die Architekten einen außen, auf dem Parkplatz neben der Rostlaube liegenden Bau bevorzugten, wollte die

FU eine Variante innerhalb der bestehenden Bebauung. Nun liegt sie da, in einem der Höfe zwischen den Erschließungsstraßen, ungefähr dort, wo sich einmal die Bibliothek der Historiker befand. Der Neubau sollte nicht zu weit über die bestehende Bebauung hinausragen, also begann das Büro zu morphen. Die Gebäudehöhe wurde reduziert, die Lufträume minimiert. Aus dem ursprünglich paßgenau und rechteckig eingesetzten, hochaufragenden Entwurf wurde dieses große, wie angelutscht und ausgespuckt daliegende Bonbon. Andere kursierende Architekturmetaphern: Käfer, Ei, Kellerassel. Der FU-Präsident spricht am liebsten vom Gehirn der FU, neudeutsch Brain.

Innen ist der Wille zur Kompaktheit deutlich spürbar. Es ist schön, ja, schön neu, aber auch sehr eng. Die Hülle ist eben keine luftige und leere Kuppel, sondern bis an den Rand vollgepackt mit Regalen und Leseplätzen. Siebenhunderttausend Bücher stehen hier wie unter weißer Frischhaltefolie. Noch arbeitet das Hirn nur im Testbetrieb, aber ich laufe schon mal vorbei an Properz und Vergil bis zu den Dilthey-Jahrbüchern. Und wie fast immer in geisteswissenschaftlichen Bibliotheken, das fällt gleich auf, sind sieben von zehn Lesern Frauen. Die Sprinkleranlage hängt frei unter der Decke, die tragenden Säulen sind aus glattem, geschliffenem, sich ganz weich anfassendem Beton. Die Farbtöne Hellgrau, Grau, Rauchgrau und Grauweiß herrschen vor. Kaum einer ist ohne Computer hier, ein Tastenwispern durchzieht den Raum, und in der sogenannten Leselounge, ganz oben, dem Folienhimmel ganz nah, liegen die ausgezogenen Schuhe malerisch neben den roten Retro-Sesseln. Und was sagen die Nutzer? Die zukünftigen Philologinnen, Deutschlehrerinnen und Übersetzer? Sie sagen: «Ja, aber.»

«Es sieht aus wie ein Parkhaus, ziemlich kalt», hat jemand

in das ausliegende Gästebuch geschrieben. Eine junge Frau, sie promoviert über mittellateinische Heiligenviten, bemängelt die Anordnung der Leseplätze: «Sieht zwar schön aus, aber immer sitzt man mit dem Rücken zum Raum und zur Bewegung. Wer viel in Bibliotheken sitzt, weiß, wie sehr das stören kann.» «Ein paar Pflanzen wären schön», meint eine andere, ältere Leserin. «Wieso Pflanzen, Pflanzen wachsen doch draußen», widerspricht ein männlicher Student. Die praktischen Beschwerden überwiegen die ästhetischen Bedenken. Das Gebäude ist schlicht zu laut. Es gibt keine Schleuse zum K-Gang. Immer wenn die Tür zu dieser Hauptstraße der Rostlaube aufgeht, kommt der Lärm herein. «Das Lichtwunder ist auch ein Lärmwunder», sagt eine Komparatistin, die der verlorenen Institutsvilla am Hüttenweg hinterhertrauert. Und meint, im Keller sei es unaushaltbar kalt, während es oben, unter dem Dach, stickig sei. Tja. Vielleicht funktioniert es noch nicht so gut, das Super-Energiesparprogramm dieses Bücherkäfers, der sich halb eingegraben hat. Man darf gespannt sein, wie das von Termitenbauten abgeschaute Lüftungs-, Kühl- und Heizungssystem – im Sommer soll die kühle Luft von der Schattenseite durchs Gebäude wehen – dann tatsächlich arbeitet.

In den neunziger Jahren hätte ich über den Satz, die Rostlaube sei eines der wichtigsten Gebäude des Jahrhunderts, wahrscheinlich gelacht. Dabei war sie, wenn nicht gerade wegen Asbest gesperrt, immer ein sympathisch-unpathetisches Gebäude. Bin ich nun noch drinnen oder schon wieder draußen? Das Kommen und Gehen ging und geht immer ganz unauffällig. Und sie liegt so hübsch zwischen den verbliebenen Obstbäumen, umwuchert von Brombeerranken. Von denen sich, das ist jedes Jahr so, ein paar Wochen vor Beginn des Wintersemesters die reifen Beeren pflücken lassen.

TREFFPUNKT·WELTZEITUHR

Wir sind an der Weltzeituhr verabredet. Auf dem Alexanderplatz. Um sieben Uhr. Ich bin ein wenig früher da. Treffpunkt Weltzeituhr? War das nicht der Titel eines Jugendbuchs, das mir etwas über die DDR erzählen wollte? Anfang der achtziger Jahre, als es aussah, als würde es auf immer und ewig zwei deutsche Staaten geben? Ich stehe unter diesem sonderbaren Metallpilz mit Drahthaarteil und warte. Wir sind nicht die einzigen, die sich hier verabredet haben. Das Warten ist den Wartenden ja immer anzusehen. Ich hoffe, sie warten nicht alle auf dich.

Jemand kommt, zwei gehen zusammen, andere tröpfeln heran, treffen sich und fließen fort. Sieht aus, als ob die Weltzeituhr atme. Und wenn, überlege ich, eine mit einem geht, mit dem sie gar nicht verabredet war? Was wenn hier eine Lebenstauschstelle wäre, wo wer möchte mit einer oder einem anderen fortgehen kann? In eine andere Wohnung, in einen anderen Bezirk? Um Punkt sieben verliere ich die Übersicht, kurz darauf wird es wieder ruhiger. Dann kommst du.

FÜCHSE AUF DER
PFAUENINSEL

Es empfängt uns wirklich gleich ein Pfau. Er ist an die Anle-
gestelle der Fähre gekommen. Wie es scheint, um uns abzu-
holen. Die Insel heißt nämlich nicht nur so, die Pfauen wohnen da wirklich. Und das schon seit 1795. Damals kaufte der
König sie vom Landgut Sakrow.

Wir kommen vom Festland, das nur einen Steinwurf entfernt liegt, die Fähre ist kaum länger als eine Minute unterwegs. Wir sind gelandet und fühlen uns gleich ganz anders.
Und folgen dem Pfau. Seine Schwanzfedernaugen führen uns
hinauf auf die große Wiese, Richtung Schloß. Hier und da
pickt der Vogel nach Insekten, versucht sogar, einen Schmetterling zu erhaschen. Doch der Schmetterling ist schneller.
Der Pfau hingegen, seine Futtersuche läßt ihn gleich weniger königlich wirken, gibt ein Tempo vor, dem wir gut folgen
können. Zu schnell sollten wir sowieso nicht unterwegs sein.
Die Insel ist nur zwölfhundert Meter lang und gut fünfhundert Meter breit.

Wir folgen unserem Pfau, der große, beängstigend große Krallen und leicht zerzauste Schwanzfedern hat. Immer
schön auf den Wegen bleiben, sagen die Schilder. Unser Pfau
hält sich nicht daran. Wir folgen ihm, so weit wir dürfen,
und schauen dabei interessiert auf Bäume und Pflanzen.
Und tun so, als erkennten wir sie, wir schauen auf die sanft
rund geführten Wege und schauen die Sichtachsen auf und
ab, wir bewundern den romantischen Landschaftsgarten und
murmeln immer wieder «Lenné, Lenné, Peter Joseph Len-

né, 1789–1866». Und der Pfau, er denkt wohl, er sei gemeint, horcht auf.

Die Insel, ein Eiszeitüberbleibsel im Urstromtal der Havel, hieß nicht immer Pfaueninsel. Bevor König Friedrich Wilhelm II. sie erwarb, wurde sie Kaninchenwerder genannt. Ein verwildertes Eiland, das eine interessante Vergangenheit hatte. Zur Zeit des Großen Kurfürsten befand sie sich im Besitz des Alchemisten und Schwarzkünstlers Johann Kunkel, der hier eine geheime Versuchsanstalt betrieb. Gold zu machen ist ihm wohl nicht gelungen, immerhin aber wurde er durch die Herstellung von Rubinglas berühmt. Zuletzt jedoch, im Mai 1689, brannten sein Labor und seine Öfen bis auf die Grundmauern nieder. Nur mit viel Phantasie lassen sich Reste seiner Glasgruben im Wald ausmachen.

Der Pfau, der vor uns spaziert, pickt auf, was er finden kann. Für uns gibt es kein Restaurant, kein Café, keinen Kiosk auf der Insel. Die Pfaueninsel ist eine Asketeninsel mit dem von vielen Abbildungen bekannten Lustschlößchen, einer Meierei, einem Schafstall, einer historischen achteckigen Voliere und einem sogenannten «Kavaliershaus», das Karl Friedrich Schinkel um die importierte Originalfassade eines Danziger Patrizierhauses aus dem 16. Jahrhundert herumbaute.

Wir spazieren weiter, und es kommt uns vor, als ob der Pfau uns erzähle, wie das mit der Insel weiterging. 1801 schenkte man dem König Friedrich Wilhelm III. sechs schlesische und acht ungarische Schafe nebst zwei Büffeln zum Geburtstag. Bald kamen bengalische Hirsche und chinesische Schweine hinzu. Um das Schloß herum entstanden Käfige und Volieren, die Insel wurde zu einer *ornamental farm* nach englischem Muster. Und der Tiere wurden immer mehr. Legationsrat Varnhagen von Ense erwarb 1819 drei Mungos, einen Waschbären und zwei Graue Riesenkänguruhs. 1821 kamen sieben Affen, ein Nasenbär und ein brasilianisches Schwein hinzu. Und nachdem Friedrich Wilhelm III. auf einer Bildungsreise den Jardin des Plantes in Paris gesehen hatte, wollte er seine Pfaueninsel entsprechend umgestaltet haben. Lenné baute ihm die erforderlichen «Menagerie-Gebäude» und «Thier-Wohnungen» im, wie Lenné selbst es nannte, «rustikalen Stil». Ein Adlerhaus, ein Affenhaus, einen Stall für Känguruhs, ein Haus für Wölfe und Füchse, ein Haus für Vögel, ein Wasservogelhaus und ein Maschinenhaus wurden errichtet. Später kam noch eine Bärengrube mit einem Kletterbaum hinzu. Die Berliner waren begeistert. Und kamen in Scharen. «Eine Fahrt nach der Pfaueninsel galt den Berlinern als das schönste Familienfest des Jahres, und die Jugend fühlte sich überaus glücklich, die munteren Sprünge der Affen, die drollige Plumpheit der Bären, das seltsame Hüpfen der Känguruhs hier zu sehen. Die tropischen Gewächse wurden mit manchem Ach! des Entzückens bewundert. Man träumte, in Indien zu sein», hieß es rückblickend im Jahre 1854. Da war der Zoologische Garten eröffnet und die letzten Pfaueninseltiere dorthin übersiedelt worden. Aber, wer weiß. Vielleicht verstecken sich heute noch Nachfahren der Schildkröten, die 1836 hier ankamen, im Schilf der Havel? Ist sie vielleicht zur seltenen Havelschildkröte mutiert? Zur preußischen Panzerkröte? Und was ist mit dem Reh vom Mississippi? Streift das nicht vielleicht doch noch durchs Gehölz?

Auf der ganzen Insel stehen circa vierhundert uralte Eichen, Baumruinen, die alle so aussehen, als hätte man sie aus einem Gemälde von Caspar David Friedrich geschnitten und hier ans Ufer geklebt. So knorrig, daß sie künstlich wirken. Bei einigen Baumriesen klopfen wir gegen die Rinde. Obwohl wir das wohl gar nicht dürften, denn dazu mußten wir den Weg schon zwei oder drei Meter verlassen. Leider öffnet uns kein Wald- und kein Inselgeist.

Anfang der 1830er Jahre kommt Carl Blechen auf die Insel, bezeichnenderweise malt er keine alten Bäume, sondern das später abgebrannte Palmenhaus von Schadow, einen kleinen Glaspalast. Dieses Palmenhaus, das damals eines der modernsten Gebäude der Welt gewesen sein muß, versetzte seine Besucher in einen Tagtraum. Hier träumte Preußen. Und die Pfaueninsel, es dämmert uns, muß Preußens Tropical Island gewesen sein. Was heute in der ehemaligen Cargolifterhalle draußen in der Brandenburgischen Wüste aufgeführt wird, wurde seinerzeit hier inszeniert. Mit Springbrunnen, einem kurzen, künstlichen Gebirgsbach, Volieren und atemraubenden Freigehegen.

Die Aquarellisten, die heute, an einem Spätsommernachmittag, auf Falthockern vor einem besonders pittoresken Baumriesenrest sitzen, fallen malerisch weit hinter Blechen zurück. Der Pfau, als wüßte er das, stolziert an ihnen vorbei. Er interessiert sich auch nicht für die Nachrichten, die frühere Besucher in einigen jüngeren Buchen hinterlassen haben. Wir lesen da beispielsweise «H. R. 1975» und entdecken die sehr schön geschwungenen Initialen «F. G.», das G mit einer sehr ausgeprägten, altmodischen Unterlänge vom «23.3.53». Also schon länger her. Und ob «Wolfgang + Elke 5.5.79» noch zusammen sind?

Wir finden nichts zu essen, denn die Brombeeren sind noch nicht reif. Aber wie wir wissen, hat der preußische Asketismus hier Tradition. Das Hofmarschallamt in Berlin gab am 4. Mai 1821 bekannt: «Es wird hierdurch zur öffentlichen Kenntnis gebracht, dass jetzt die Königliche Pfaueninsel nur an drei Tagen in der Woche und zwar am Dienstag, Mittwoch und Donnerstag besucht werden kann. Speisen und Getränke können dort weder für Geld gefordert noch mitgebracht und verzehrt werden.»

Wir bewegen uns also auf dem Boden eines historischen Ausflugsziels. Die Pfaueninsel mit ihren exotischen Tieren und einer sogenannten «Russischen Rutschbahn» war die Top-Destination ihrer Zeit, man kam mit Kutschen und Kremsern, bis zu sechstausend Personen sollen gleichzeitig auf der Insel gewesen sein. Später gab es die Eisenbahn zwischen Berlin und Potsdam und an den Besuchstagen Sonderzüge. Zeitweilig soll der Andrang so groß gewesen sein, daß an den Landungsbrücken sechs Gendarmen versuchten, die Ordnung aufrechtzuerhalten.

Ganz so hoch her geht es heute nicht mehr. Heute kommt man mit dem Auto oder mit dem Bus oder radelt durch den Wald. Das Fahrrad aber darf nicht mit auf die Insel. Hunde dürfen nicht übersetzen. Und Rauchen ist auch nicht erlaubt. Hundehasser, Tabakprohibitionisten und Menschen, denen Fahrradfahrer auf die Nerven gehen, haben hier also die Insel ihres Glücks gefunden. Wochen werden sie hier allerdings nicht verbringen können. Es gibt ja, es sei denn, man verwandelte sich in einen Pfau oder einen Fuchs, keine Übernachtungsmöglichkeit.

Wir setzen uns auf eine der Bänke am Wegesrand. Steinbänke und grüngestrichene Gartenbänke aus Holz stehen da. Was machen wir auf dieser Insel? Wir schauen auf den See, sprich die Havel. Wir schauen auf das gegenüberliegende Ufer, schauen nach Kladow und nach Glienicke und sagen noch heute, das war früher Osten, DDR. Da lagen diese kleine roten Tonnen im Wasser, auf denen mehr gepinselt als aufgedruckt «Halt hier Staatsgrenze» geschrieben stand. War man mit dem Boot auf der Havel unterwegs, hieß es spätestens dann zu wenden. Wir schauen auf die Havelhöhen, wir schauen auf die Geschichte. Auf die Kirche St. Peter und Paul mit ihrem russischen Zwiebelturm, auf den Wannsee-Fernmeldeturm, aufs Wasser, wir sehen den Booten zu.

Da kommt ein Fuchs, der Pfau ist plötzlich verschwunden, und sagt guten Tag. Es gibt zwei sehr zutrauliche Füchse auf der Insel. Einen jüngeren, sehr schlank, und einen älteren, zotteligen. Beide sind so unerschrocken, dass Besucher gezwungen sind, sich an die Grundschulwarnung vor tollwütigen Füchsen zu erinnern. Hier aber ist es wohl einfach so, daß der Fuchs sich an den hier jeden Tag aufrecht spazierenden Menschen gewöhnt hat. Was bleibt ihm anderes übrig? Der junge Fuchs hat einen sehr lustigen, hoppelnden Gang, als wüßte er, daß die Insel einmal Kaninchenwerder hieß. Er setzt sich vor einen Baum am Weg und schaut uns zu. Und wir schauen dem Fuchs zu, weil wir Spaziergänger uns natürlich über einen Fuchs freuen. Gegenseitiges Beobachten, wobei die Bewunderung, das Staunen auf Menschenseite überwiegt. Der Fuchs, so scheint es, ist dieses Angeglotztwerden schon gewohnt. Ja es wirkt, als zelebriere er seinen Auftritt.

Was können wir hier sonst noch machen? Dem Flispern der Blätter zuhören. Hören, wie der Wind durch die Blätter geht. Die Wellen hören. Auf den Schilfgürtel schauen. Den Havelgeruch halten wir gerade noch aus, denn gegen Ende des Sommers, bei starkem Algenwuchs riecht es schon mal sonderbar. Wir können auch das Pfaueninselschloß besichtigen, das Friedrich Wilhelm II. sich 1794–1799 von seinem Hofzimmermeister Johann Gottlieb Brendel nach Vorbildern englischer Stiche bauen ließ. Mit zwei Türmchen, die erst mit einer hölzernen, später mit einer eiserne Brücke verbunden wurden. Die mit Eichenbohlen verkleidete Holzkonstruktion ist im Grunde eine riesige Gartenlaube. Eine Attrappe. Der gesandelte Ölfarbenanstrich und aufgemalte Fugen sollen den Eindruck einer steinernen Quaderung hervorrufen. Und es ist nicht ohne Ironie, daß von all den großen steinernen, preußischen Schlössern ausgerechnet die Gartenlaube des Hofzimmermeisters die Zeitläufe so unversehrt überstanden und seine Originalausstattung behalten hat. Wahrscheinlich, weil das Schlößchen von Anfang an so getan hat, als sei es eine Ruine. Der preußische Traum von Arkadien wurde jedenfalls sehr sparsam und aus Holz verwirklicht. Hat aber, welche Freude, gehalten.

Um neun Uhr abends geht die letzte Fähre. Danach fangen die Füchse an, mit den Pfauen zu tanzen. Heißt es. Und die Insel fängt an, sich zu erinnern. An die königlichen Feste, die es erlebt hat. An die Preußenkönige. Und an das letzte großpompöse Tamtam, die «Italienische Nacht», die Goebbels hier anläßlich der Olympischen Spiele 1936 veranstalten ließ. Mit allen Botschaftern und den Söhnen Mussolinis, Himmler soll es auch sehr gefallen haben. Nur das Feuerwerk sei etwas groß ausgefallen, die empfindsamen französischen und amerikanischen Gäste dachten schon, da schösse die Artillerie.

Zwei amerikanische Preußenforscher, Norton und Elaine Wise, nennen die Insel ein «paradiesisch-exotisches Palimpsest aufeinanderfolgender Inszenierung königlicher Herrschaft». Ja, man kann die Pfaueninsel als Bühne des preußischen Königreichs verstehen. Hier inszeniert der moderne Staat sich mit tropischem Palmenhaus, dampfmaschinengetriebenem Springbrunnen, Menagerien und botanischen Besonderheiten. Den zahmen Fuchs, der neben uns sitzt, interessiert das nicht so. Er weiß nicht, daß er in einem Museum lebt.

Der Pfau, er ist auf einmal wieder da, will am Ende bei uns bleiben und mit aufs Festland, nach drüben, ins Gasthaus. Kurz vor Betreten der Fähre aber verläßt ihn doch der Mut. Er bleibt auf seiner Insel.

STAHNSDORF

In Griebnitzsee steige ich aus der S-Bahn, kaufe mir an einer Imbißbude am Bahnhof ein Wasser und gerate auf den Campus der Universität Potsdam. Bald komme ich auf die Stahnsdorfer Straße, durchquere die ehemalige Enklave Steinstücken und bin im Wald. Wald ist wahrscheinlich nicht das richtige Wort, ich spaziere durch eine Kiefernschonung. Ich nähere mich der Autobahn, überquere die E51 auf einer Fußgängerbrücke, und siehe da, auf der anderen Seite verläuft die alte, kopfsteingepflasterte Potsdamer Straße, teils überwuchert. Die Laubbäume am Waldrand sind noch kahl. Bröckelnde Zementpfosten stehen am Weg, ein Zaun ist nicht mehr da. Zwei oder drei Kilometer weiter fängt der Friedhof an, rechter Hand der Stahnsdorfer, linker Hand der Wilmersdorfer Waldfriedhof, ich gehe an den Rückseiten der Grabmäler vorbei. Lange geradeaus, die Sonne scheint, Vögel singen, der Zaun ist neu, wahrscheinlich wegen der Wildschweine. Ich begegne einer Frau mit Hund, die mir erklärt, der Haupteingang liege um die Ecke, noch ein gutes Stück, ich stoße auf eine Straße, biege rechts ab und stehe endlich vor dem Eingang des Südwestkirchhofs mit seinen großen Grabmälern, die früher auf Berliner Innenstadt-Friedhöfen standen. Als Albert Speer die Welthauptstadt bauen wollte, waren sie im Weg, wurden abgetragen und hier wieder aufgebaut, über fünfzehntausend Gräber wurden umgebettet – aber, wie sich in Goethes *Wahlverwandtschaften* zeigt, das Umsetzen von Grabsteinen beschwört das Unheil herauf.

Einige Wege sind mit einem dicken, hellgrünen Moosteppich bewachsen, sehr angenehm ist es, auf ihm zu gehen, dazu fällt Theaterlicht durch die Kronen der Bäume. Komme mir vor wie in einem Traum, überall alte Steine, die Toten liegen hier ganz naturromantisch. Irgendwo, es gibt einige Gräber aus jüngerer Zeit, muß auch B.s Sohn begraben sein. Noch gar nicht so lange, er war so alt wie ich.

Ich verirre mich ein wenig und finde doch den Ausgang wieder. Noch ist zu erkennen, wo sich der Bahnhof der Friedhofsbahn befand, Stahnsdorf hatte einmal einen eigenen S-Bahn-Anschluß, eine Stichbahn von Wannsee führte hierher, nach dem Mauerbau wurde sie gekappt. In der Parforceheide liegen noch die alten Gleise.

BACK-FACTORY, ROSENTHALER PLATZ

Das Rosenthaler Tor wurde 1867 abgerissen, so entstand der Rosenthaler Platz. Bis ins 19. Jahrhundert hinein war der Bau eines der wenigen Tore in der Stadtmauer gewesen, durch das Juden Berlin betreten durften. Für diejenigen, die nicht eingelassen wurden, gab es Herbergen vor dem Tor. Die müssen ungefähr da gestanden haben, wo sich jetzt das neue Hotel mit der Back-Factory befindet, in der ich gerade sitze.

Aus dem leicht unter Straßenniveau abgesenkten Café schaue ich auf den Platz und komme mir vor wie in einem Bassin ohne Wasser, der Bürgersteig und der U-Bahn-Eingang vor dem Fenster liegen auf Knie- bis Hüfthöhe. Schuh- und Fußfetischisten müßte diese Perspektive auf das Pflaster des Weinbergswegs gefallen: Stiefel, Sandalen, Turnschuhe und schöne Beine in Strumpfhosen wandern vorbei.

Ich trinke nicht so tollen Kaffee und beiße in ein Croissant, das nicht nach Paris, sondern billig schmeckt. Es hat bloß neunundsiebzig Cent gekostet, mit einer Gebäckzange habe ich es selbst aus einem Fach genommen, in eine Tüte gelegt und mich an der Kasse angestellt. Die Back-Factory ist ein Back-Discounter, es gibt keine Bäckereifachverkäuferinnen mehr. Hier bedient sich jeder selbst.

Quer über den Platz, der eigentlich eine große Kreuzung ist, liegt das St. Oberholz, das Café, in dem so viele «Laptop-Poser sich täglich neu vernetzen», wie Christiane Rösinger singt. Vor ein paar Jahren saß ich selbst manchmal dort, ohne Computer kam ich mir allerdings nackt vor. Und ich weiß nicht, ob ich die Schauspielkunst, so wichtig und ernst und beschäftigt auszusehen, wie das Oberholz-Theater es erfordert, überhaupt noch beherrsche.

In dem Oberholz-Eckhaus war mal ein Burger King, schon damals gefiel mir die geschwungene Holztreppe, die in den ersten Stock hinaufführt. Dann gab es am selben Ort eine orientalisch inspirierte Cocktailbar mit flackernden Flammenlampen. In der Küche des geschlossenen Burger King lockte ein oder zwei Sommer lang die Kachelbar, heute ist dort ein Kleiderladen, kaputte Kacheln wurden ergänzt. Noch früher, das muß um 1997 gewesen sein, wurde unten im Sexyland in der heute vermauerten Toilettenanlage unter der Trambahnhaltestelle gefeiert.

«Der Rosenthaler Platz unterhält sich», heißt es in *Berlin Alexanderplatz*. «Aschinger gibt den Leuten zu essen und Bier zu trinken», schreibt Alfred Döblin, seinen Franz Biberkopf läßt er ganz am Anfang des Romans am Rosenthaler aus der 41 steigen – einer Straßenbahnlinie, die es nicht mehr gibt, und auch «Elektrische» sagt heute niemand mehr zur Tram, die seit ein paar Jahren als M1 oder M8 hier hält.

Die Stehbierhalle Aschinger, an der Biberkopf auf seinem Weg in die Sophienstraße vorbeiläuft, befand sich nirgendwo anders als in dem Eckhaus, in dem heute das Oberholz geöffnet hat. Es gab einige Aschinger-Filialen in der Stadt, sie wurden, so die Überlieferung, auch Schrippenpaläste genannt, weil Biberkopf und wer da sonst noch trank zu seinem Erbseneintopf unter Kronleuchtern so viele Schrippen essen durften, wie sie wollten.

Eine Bekannte spaziert auf der anderen Seite des Weinbergswegs. Sie hat zwei große braune Versandtaschen in der Hand, wahrscheinlich ist sie auf dem Weg zur Post in der Torstraße. Sie sieht mich nicht, sie schaut nicht einmal in meine Richtung. Und ich frage mich, wie oft gehe ich irgendwo vorbei und werde gesehen, ohne daß ich selbst etwas bemerke? Die Bekannte biegt um die Ecke, vorbei an der Germania-Apotheke, die seit über hundert Jahren hier geöffnet hat. Neuerdings heißt die Apotheke allerdings gar nicht mehr wie die Welthauptstadt, sondern «Sanimedus». Ob das der bessere Name ist? Wo die Buchhandlung Starick (vormals Heinrich-Heine) war, ist nun eine Touristen-Bar – nennt die sich «Haus am See» nach dem Lied von Peter Fox? Es gibt einen schönen Dokumentarfilm von einer Schwedin namens Maria Mogren über die Veränderung der Brunnenstraße. Die DVD läßt sich in der Philip-Schaeffer-Bibliothek ausleihen, die liegt nur ein paar Häuser weiter, im dritten Hof.

Ich sitze hier und schaue, und auf einmal steht das Rosenthaler Tor wieder da, mitten im Verkehr. Es hat je zwei Säulen an jedem Durchgang, mit Dachfigurenschmuck, klassizistisch und klobig zugleich, so kenne ich es von einer frühen Fotografie. Auf meinem Telefon sehe ich, daß Google Street View ein wenig Vergangenheit aufbewahrt hat: Da, wo ich nun in der Back-Factory sitze, zeigt es statt des neuen Eck-Rundbaus noch eine große Lücke mit Bauzaun, und die Fassade des Hostels gegenüber ist noch nicht so blöd bemalt. Das Rosenthaler Tor ist auf Street View allerdings nicht zu sehen.

Komme ich nachts auf dem Weg nach Hause über den Platz, möchte ich mir hier oft ein Hotelzimmer nehmen. Nicht aus Erschöpfung oder weil ich Angst hätte, die vier- oder fünfhundert Meter den Berg hinauf nicht mehr zu schaffen. Es muß eher etwas mit dem Wunsch zu tun haben, in der eigenen Stadt auf Besuch zu sein. Ich möchte noch einmal hierher verreisen.

Meist schlafe ich dann aber doch nicht in einem der mit

Neustuck oder einfallslosen Fensterrastern verunzierten Übernachtungsbetriebe, die gleich drei der fünf Ecken des Platzes besetzen. Sondern kehre bloß in der Stehpizzeria Ecke Torstraße ein. Bis vor ein paar Jahren befand sich dort der «Szene-Imbiß» genannte Dönerladen International, den die Band Britta in dem Lied *Die traurigsten Menschen (von ganz Berlin)* besungen hat. Dort traf man sich nach Nächten in der Montagsbar. Und nach denen in der Dienstagsbar. Mit dem Namen *International* war dieser Imbiß nur ein paar Jahre zu früh. Damals war die Internationalität ein Wunsch, heute trifft sich in der Stehpizzeria La Pausa die halbe Welt: Die Easy-Jetsetter, die Billigflugnomaden, die vielen Dänen, Amerikaner, Spanier und Franzosen – sie sind alle da. Um den Rosenthaler Platz herum ist es nachts oft absurd international. Kommt mir vor, als erinnerte sich der Platz daran, daß hier einmal ein Stadttor stand, durch das es hinaus- und hineinging. Und daß nicht immer alle hineindurften in die alte Residenzstadt Berlin.

Ein großes Tor mit vier Eingängen hat der Rosenthaler Platz behalten: Alfred Grenanders eigentlich neusachlich gemeinter orange-perlmutt gekachelter Prachtbahnhof liegt gleich unter dem Pflaster. Zu Mauerzeiten ein Geisterbahnhof, in dem kein Zug mehr hielt, hat der Rosenthaler noch heute die schönste Kennfarbe aller U-Bahnhöfe Berlins. Kein Zufall, daß auch Karl Lagerfeld sich schon dort unten fotografieren ließ. Zwei sehr schöne Frauenbeine in schwarzen Strumpfhosen sehe ich nun hinabsteigen in die Unterwelt, Persephone, wo fährst du hin? Willst du nach Kreuzberg? Zum Kottbusser Tor? Brunchen im Südblock?

Das letzte Stück des Croissants verschwindet in meinem Mund, und ich wundere mich plötzlich über den Namen *Back-Factory*. Was soll das eigentlich heißen? Bin ich Backwarenfabrikarbeiter, weil ich Gebäck in mich hineinarbeite? Muß dieser Name anglophone Muttersprachler nicht verwirren? Eine Engländerin fragte neulich, ob man sich in einer Back-Factory um schmerzende Rücken kümmere. Will eine Back-Factory etwas wie ein Back-Office sein? Oder ist der Name am Ende als Aufforderung zu verstehen, soll ich zurück in die Fabrik? Und müßte ich da am Ende arbeiten? In der Alten Seifenfabrik, die schräg gegenüber an der Torstraße steht, wird jedenfalls nichts mehr hergestellt.

Einmal, das war an einem Sonntag im letzten Frühling, hat jemand mehrere Eimer Farbe auf den Rosenthaler Platz gegossen. Ganz großes Action Painting. Autos und Fahrräder, die durch den Farbsee fuhren malten Rot, Gelb und Blau auf die Kreuzung, fast ein Barnett Newman, aber Violett war auch mit dabei. Der Platz war plötzlich ziemlich bunt. Dann hat der Regen die Farben wieder abgewaschen.

KEINE GROSSEN
SEHENSWÜRDIGKEITEN

Es gibt keinen See und von dem Schloß, an dem die Wanderung endet, stehen nur noch Wirtschaftsgebäude. Ich spaziere durch die Peripherie ohne Postkartenmotive, vom S-Bahnhof Zepernick in Brandenburg über die ehemaligen Rieselfelder nach Berlin-Buch.

Auf den Rieselfeldern, die, sich selbst überlassen, langsam verwalden, ließ die große Stadt Berlin fast ein Jahrhundert lang ihre Abwässer versickern. Der Boden, auf dem eigentlich Gemüse wachsen sollte, ist schwermetallvergiftet. Die kleinen, perfekten Einfamilienhäuser, die je nach Laune des Bauherrn den Regionalstil der amerikanischen Südstaaten, der Mark Brandenburg oder des Alpenraums zitieren, sind bis an ihre Ränder herangerückt. Viel Sorgfalt wird auf die Umfriedung der Eigenheime verwendet, die meisten Menschen, die Samstags in Zepernick, Röntgental oder der Kolonie Alpenberge zu sehen sind, arbeiten an ihren Gartenzäunen. Sie schleifen, streichen oder montieren. Es gibt die mit doppelten Jägerzäunen bewehrten Grundstücke, es gibt selbstgeschweißte Baustahlkreationen, die das Motiv der aufgehenden Sonne und ihrer Strahlen variieren, und bepflanzte Betonhohlblöcke, wallartig aufgeschichtet. Immer wieder Hunde, und, näher an den vergitterten Fenstern des Maßregelvollzugs (der Abteilung Forensische Psychiatrie des Klinikums Buch), auch Kameras an dem ein oder anderen Fertighaus-Neubau. Blau-metallisch glasierte Dachpfannen sind, so sieht es aus, en vogue, sehr verbreitet ist auch die märkische Ziegeltapete; sie wird außen auf die Wärmedämmung geklebt. Aus der Entfernung, solange niemand dagegen klopft, wirkt sie wie ein Verbund massiver Klinker.

Im Übergangsgebiet hat die Stadt aufgehört und das Land noch nicht angefangen, meist ändert sich auf der Grenze zwischen Berlin und Brandenburg der Straßenbelag. Noch auf Brandenburger Seite liegt, halbversteckt im Wald, damals durch eine mittlerweile aufgelassene Vogelschutzstation getarnt, eine halbverfallene Waffenwerkstatt und ein fast überwucherter Schießstand der Staatsicherheit. Hier sollen die RAF-Aussteiger Anfang der achtziger Jahre neue Identitäten erhalten haben. Heute führt eine Waldameisenautobahn über die Schießstandmauer, auf einem Teil des Geländes ist ein Altenheim errichtet worden. Nicht weit dahinter, wieder auf Berliner Seite, gibt es einen alten Friedhof, auf dem die Grabsteine im Boden versinken. Sieht aus, als wäre hier nicht nur lange nichts passiert, sondern lange nicht einmal jemand gestorben.

Der verschlungene Grenzgang kreuzt auch ein kleines, klares Flüßchen, das sich beispielhaft, wie aus dem Renaturierungsbüchlein entnommen, durch die Wiesen schlängelt. Dieses Flüßchen, das in Mitte, ganz nah an der Friedrichstraße, durch ein Abwasserrohr in die Spree mündet, ist die Panke. Von ihrem traurigen, kanalisierten Ende weiß sie hier, zwischen Wiesen, auf denen Pferde grasen, noch nichts. Die Häuser, an denen sie vorbeifließt, liegen an Straßen mit so ausgefallenen Namen wie Straße 7, Straße 5 und Straße 6. Einer kleinen Staubwegkreuzung verhilft der Beschilderungs-Übereifer zu acht Straßenschildern, an jeder Ecke ein Pfahl mit je zwei, auf allen ist Straße 4 zu lesen.

Waldameisen, Aldi, Libellen, Extra Markt, Interstar Döner Kebab, ein Genforschungszentrum, Schmetterlinge in

Paaren, Gartencenter und eine barocke Schloßkirche, in deren Gruft ein mumifizierter Ritter nicht verwesen will. Die Eurolandschaft hat ihren eigenen Reiz. Weiße Kühe grasen, von einem Elektrozaun umgeben, zwischen Schutthügeln. Und auf wenig befahrenen Kopfsteinpflasterstraßen wachsen kleine deutsche Eichen im Rinnstein.

Der Gasthof gegenüber der Schloßkirche Buch ist schon von Theodor Fontane besungen worden. Er bekam auf einer seiner Wanderungen kein Zimmer mehr und mußte in der Schankstube schlafen. Heute heißt die Wirtschaft Il Castello, ein Schild im Fenster verkündet *Zimmer frei*. Das Schloß, von dem Fontane nicht sonderlich beeindruckt war, ist in den fünfziger Jahren gesprengt worden.

FERNSEHER IN DER STADT

Warum stehe ich auf dem Moritzplatz? Ach ja, wir haben uns hier verabredet, heute zu dritt, im Niemandsland, am Nicht-Ort, am Rande des großen Kreisverkehrs. Ein einsames blaues U steht auf der runden Wiese in seiner Mitte. Der Moritzplatz hat noch immer mehr Lücken als Bebauung. Schwer vorstellbar, daß er vor dem Krieg einmal der belebteste Platz in Kreuzberg war.

Ich stehe in der Sonne und schaue auf die ehemalige Bechstein-Fabrik. Klaviere werden in dem Waschbetonpalast keine mehr gebaut. Mir gefallen die getönten Fensterbänder, bald soll dort umgebaut werden und ein Kreativkaufhaus einziehen. Es ist es warm, es geht ein Wind. Auf dem ehemaligen Wertheimgelände, wo lange ein Gebrauchtwagen-händler war, wachsen Kartoffelpflanzen in Säcken. Auf dem Grundstück wird urban gegärtnert, lokal, sozial und bio. Die Prinzessinnengärten besetzen die Brache mit Hochbeeten aus Industriekörben, einem Freiluftcafé und einigen über-dachten Fernsehern.

D. kommt mit dem Fahrrad, R. aus dem U-Bahnhof. Wir spazieren die Oranienstraße hinunter und reden, es ist ja Fußballweltmeisterschaft, über das Fußballschauen. R. sagt, ich bin noch nicht einmal dagegen. Das sagt er immer. D. kuckt fast alles, ich eigentlich auch. Wir überqueren die Ska-litzer, kommen an der Feuerwache in der Wiener Straße, am Spreewaldbad und dem Kinderzirkus vorbei und biegen da, wo die Dealer sitzen, ab in den gut besuchten Görlitzer Park. Hinunter bis zum Schlesischen Busch, es gibt dort einen neuen Spielplatz und einige Freiluft-Fitneßgeräte. Hier war ja, fällt uns ein, auch mal Grenze, ein Wachturm steht noch, und ja, die alte Tankstelle an der Schlesischen Straße war West-Berlin. Wir setzen uns in den Freischwimmer am Flutgraben. Vor zehn oder elf Jahren mußte ich einen Schlüssel kaufen, um dort hineinzukommen, der Schlüssel öffnete das obere Tor und diente als Mitgliedsausweis, der Club war damals ein Verein. Heute ist es ein gewöhnliches, bei schönem Wetter überlaufenes Ausflugslokal.

Wir sitzen am Wasser, bewundern die im Abendsonnenschein rot aufleuchtende Ziegelrückwand der Arena, die mal eine Omnibushalle war, und reden über Politik, ein bißchen wenigstens. Über die Medienerzählung zu Angela Merkel, der immer Zaudern, Abwarten und Nichtstun unterstellt werden. Steckt dahinter deutsche Sehnsucht nach der starken Hand? Dem Führer, der alles übersieht und bestimmt? Merkel schweige einfach, meint R., und rede so. Ich erzähle von Steve Carell und der amerikanischen Version von *The Office*, mit der ich meine heimliche Sehnsucht nach Angestelltendasein und Büroalltag stille. Serienkonsum als Kompensation, ja, und der Gedanke liegt nahe, ich bin, wenn ich schon vormittags ein, zwei Stunden *The Office* schaue, bei der Serie angestellt. Gemeinsam erweitern wir dieses Konzept, sich selbst eine Anstellung zu suchen, auf die Idee des Trinkens. D. hat beobachtet, daß die Trinker in seinem Kiez schon morgens um neun am Kiosk stehen, weil sie, vermutet er, wohl eine gewisse Ordnung in ihre Leben bringen wollen, die sie sich mit dem regelmäßigen Trinken eben schaffen können.

Später spazieren wir Richtung Schlesisches Tor, ich fotografiere zwei schöne, traurige Kaugummiautomaten, das Tristesse gibt es nicht mehr, und mir fällt ein, daß wir 2002, zwei Weltmeisterschaften zuvor, meist im San Remo Fußball geschaut haben, Christiane, Gini, Sila und Nina, Jana war auch mal mit dabei. Damals stand noch nicht an jeder Ecke und alle paar Meter ein Fernseher auf der Straße.

R. steigt in die U-Bahn, D. geht zu seinem Fahrrad, ich, aus alter Sentimentalität, über die Oberbaumbrücke. Abendlicht über dem Fluß, alles glänzt und liegt klar wie ausgestanzt unter dem hohen Himmel. Hinter der Eastside-Hinterlandmauer sitzt viel Publikum am Ufer, rauchende Weintrinkerinnen, Bücherleserinnen, Biertrinker, Hunde-halterinnen und fröhliche Kiffer teilen sich die Wiesen. Über das Gelände der ersten Strandbar, unter Großleinwänden hindurch und anschließend, um nicht zu euphorisch zu wer-den, über den Bürgersteig der Holzmarktstraße bewege ich mich Richtung Jannowitzbrücke. Das Golden Gate hat nicht geöffnet. Zwischen den S-Bahn-Bögen und dem rosaroten Alexa-Ungetüm hindurch komme ich auf den großen, leeren Alexanderplatz, auch auf dem ehemaligen Glacis der ehema-ligen Festungsstadt Berlin stehen Fernseher, überall stehen Fernseher, das Spiel Südafrika–Uruguay läuft noch, Uruguay führt. Die Rosa-Luxemburg-Straße wirkt nicht mehr so her-untergekommen wie noch vor ein paar Jahren, es gibt nur noch ein Pornokino. Der dunkle Neubau Ecke Torstraße ist wieder mit Farbbeuteln beworfen worden. Ich bin ein rotes Blutkörperchen, die Stadt ist mein Körper.

WEISSE FLECKEN

W. hat den Hund dabei, wir gehen durch die Stadt. Wir fahren über die Stadtautobahn, fahren Ring- und Stadtbahn, sitzen im Bus oben links und laufen die Frankfurter Allee Richtung Alexanderplatz.

Wir betreten die Schöneberger Insel, gehen am Großbelastungskörper vorbei, spazieren rund um den Lietzensee, zum Schlachtensee und an die Krumme Lanke. Wir schwimmen, wir tasten uns durch die Falten der Stadt, wir trinken Bier im Ostbahnhof.

Wir sehen uns morgens auf dem Olivaer Platz, sitzen in einer Bar an der Alten Potsdamer Straße und gehen die schönste, die häßlichste Straße des Westens hinunter.

In Berlin zu sein, sagt W., sei ein Gefühl, hier steht die Vergangenheit auf dem Pflaster wie Wasser, das nicht abläuft. Hier hat K. gewohnt, in ihrer hohen Seitenflügelwohnung. Und hier hat V. mich geküßt, ich sie oder wir uns. Wovon ich W. nichts sage.

W. sagt, diese Fassade, die Straße, die Gegend sah einmal wie eine Kriegsfilmkulisse aus. Wir laufen auf Schutt und Trümmerbergen, sie läßt den Hund die Böschung hinunter ins Kanalwasser springen.

Wir schwimmen, wir treiben durch Berlin. Über den Kreuzberg, am Wasserfall vorbei. Vom Fernsehturm und von den Flaktürmen im Humboldthain aus betrachtet, hatte die Stadt überall weiße Flecken – dann aber, sagt sie, haben wir uns immer wieder verlaufen.

Der Hund trottet, krault über den Gehweg. Wir paddeln hinterher.

BILDLEGENDEN

«Falckensteinstraße» *San Remo Upflameur*, Bild von Fehmi
Baumbach (August 2003)

«Falckenstein-, Ecke Schlesische Straße» *Golden Gate/
Heute Flittchenbar*, Bild von Fehmi Baumbach
(November 2003)

«Monbijou» Hinterlandmauerrest, Swinemünder Straße
(März 2008)

«Oderberger» Oderberger Straße (Mai 2007)

«Bolle Belle» *Diese Stadt ist aufgekauft*, Schönhauser Allee
(Dezember 2007)

«Neue Welt» Blick von der Warschauer Brücke
(Juni 2010)

«Hasenheide» Leipziger Platz, Mitte (Februar 2010)

«Coda» Am Mauerpark (Mai 2010)

«Schiller am Pariser Platz» *Aufstand der Würde*, Schönhauser Allee, Ecke Cantianstraße (Januar 2009)

«Straßenmöbel» Waldtelefon, Wannsee (Mai 2010)

«Der Graureiher» Kastanienallee (April 2008)

«Endivien» *Heute: Latte Macciato* [sic], Kastanienallee
(April 2008)

«Mahlsdorfer Musterhäuser» *Fleischerei*, Wedding
(November 2007)

«Das Wildplakat» Kaugummiautomat, irgendwo in Berlin
(Juni 2010)

«Currywurstbuden» *Imbiss-Oase*, Karl-Marx-Allee, Mitte
(Dezember 2007)

«Der Stechlin» Müllerstaße, Wedding (Mai 2010)

«Füchse auf der Pfaueninsel» Oderstraße, Neukölln
(August 2006)

«Back-Factory, Rosenthaler Platz» Rosenthaler Platz
(Mai 2008)

ANMERKUNG

Die Texte in diesem Buch sind bis auf eine Ausnahme *(Nach-mittags am 1. Mai)* zwischen 2004 und 2011 entstanden. Einige erschienen zuvor in anderer Form in der *Frankfurter Allgemeinen Zeitung,* im *Tagesspiegel,* in der *Süddeutschen Zeitung* oder der *Berliner Zeitung,* die Erzählungen *Weiße Nacht* und *Endivien* in der Reihe *Schöner Lesen* (SuKuLTur Verlag).

Fotografien: David Wagner (15), Catharina Gripenberg (1)

Dank an Fehmi Baumbach für die Bilder «Falckensteinstra-ße» und «Falckenstein-, Ecke Schlesische Straße».

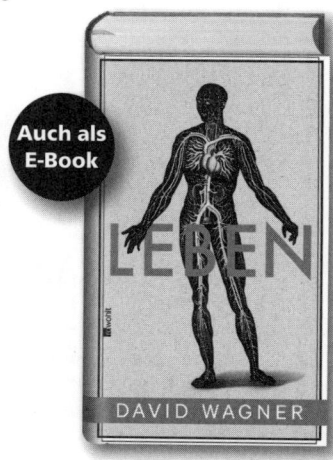

Das für dieses Buch verwendete FSC®-zertifizierte Papier
Lux Cream liefert Stora Enso, Finnland.